Willkommen in Rom –

dem ersten Ziel von CORSO*folio*, dessen Gastgeber Martin Mosebach ist. CORSO*folio*, der neue Doppelkopf aus Buch und Magazin – Buch in der Form, Magazin in Geist und Gestaltung –, flaniert durch Städte und Regionen und nimmt sie als Denk-, Schreib- und Fühlanlass. Jede Ausgabe auf ihre Art, jede mit einer/m persönlichen Gastgeber/in.

Ryszard Kapuściński, der große polnische Reporter, sah »die Reise als Versuch, alles zu erfahren – das Leben, die Welt, sich selber«.

Reisen bleibt eine Fahrt ins Offene, die Suche nach neuen Horizonten, nach Sinnstiftung und Erkenntnis. Darin ist es dem Lesen sehr verwandt. CORSO*folio* reist mit den Gedanken und Augen seiner Autoren – und macht die Orte so auf individuelle, empathische Weise erfahrbar.

CORSO*folio* folgt der eigenen Nase, denn wir halten Neugier für eine Tugend und glauben, dass die Welt noch lange nicht rund ist. Und ohne Verständnis von Kultur und Geschichte nicht runder wird.

Wir sind überzeugt davon, dass es immer Freundinnen und Freunde des Gedruckten geben wird. Menschen, die sich, zumindest gelegentlich, vertiefen wollen in Themen, Texte, Bilder. Und die darüber hinaus Freude haben, wenn diese Themen, Texte, Bilder auch noch schön gestaltet, gedruckt und gebunden sind.

Auch deshalb ist CORSO*folio* ein Experiment. Es ist der Versuch, der Digitalisierung etwas entgegenzusetzen: eine neuartige, anspruchsvolle, hochwertige, Hirn, Augen und Händen schmeichelnde Lese-Erfahrung – ein Archiv für die Sinne.

Rom – so ewig, so schrundig, so jung, so alt – erinnert daran, »dass uns die Augen zum Sehen gegeben sind«, wie Ingeborg Bachmann schrieb. CORSO*folio* sieht in die Geschichte und die Gegenwart der Stadt, betrachtet Rom als Sehnsuchtsort, Klischee und Alltag, als »ewige« Stadt – persönlich und distanziert, naiv und gelehrt, literarisch und dokumentarisch, ironisch und herzlich.

Willkommen bei CORSO – *willkommen woanders.*

Herzlich
Ihr Rainer Groothuis

Rom

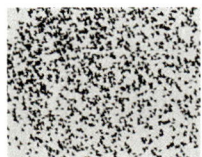

Gastgeber

Nach Rom zurückkehren

↝ MARTIN MOSEBACH ↝

W arum fahren alle Leute nach Rom? Ewigkeit ist nicht einfach eine besonders lange Zeit, sondern etwas qualitativ anderes als Zeit, und doch hat man Rom »ewig« genannt. Für europäische Städte ist Rom alt, aber als Romulus im sagenhaften Jahr 753 vor Christus mit der Pflugschar rund um die sieben Hügel, menschenleeres Land, eine Ackerfurche zog, gab es schon Babylon und Memphis. Der Weg der Siedlung höchst aggressiver Ackerbürger zur Hauptstadt eines Weltreiches ist bekannt, der Niedergang dieses Weltreiches, der mit dem Aufblühen der europäischen Nationen verbunden war, gleichfalls. Als die Pharaonen zugrunde gingen, war es vorbei mit dem dreitausendjährigen ägyptischen Gottkönigstaat, Memphis zerfiel. Auch Babylon versank im Wüstensand, aber Rom blieb die Mutter der Länder, die es einst beherrscht hatte. Die römische Kirche wurde die Erbin der römischen Universalmonarchie und behielt die geistige Bedeutung, als überall auf der Welt, in London, Paris, Moskau und Washington neue Roms gegründet wurden – immer mit Blick und in keineswegs geheimer Beziehung auf das alte Zentrum, die *urbs*, die Stadt schlechthin. Stolze Städte verloren ihre

Lebenskraft, als sich die atlantischen und pazifischen Räume erschlossen und das Mittelmeer klein wurde. Niemals sank Rom so tief wie in dem Augenblick, als es nach dem Ende des Kirchenstaates zur Hauptstadt des neugeeinten Italien wurde, aber gerade in diesem Moment, der die Provinzialisierung der universalen Stadt zu erzwingen schien, erhob der Papst aufs Neue den Anspruch auf seine Weltgeltung und schuf, als Europa ihm verlorenging, die Voraussetzung seines Einflusses auf Asien, Afrika und die beiden Amerika. Das ist es wohl, was man in der Geschichte »ewig« nennt: über die Epochenbrüche, über die Untergänge, die Katastrophen und Kultur- und Mentalitätswandlungen hinweg am Leben zu bleiben, in den Ruinen der Vergangenheit ein Versprechen für die Zukunft erkennen zu können.

Ist das der eigentliche Grund, warum auch heute noch jedes Jahr Millionen Menschen nach Rom fahren? Es gibt keinen Ort, der durch solchen Zustrom nicht ruiniert würde, aber von Rom scheinen wir zu glauben, dass es unzerstörbar sei, weil es alles Schlimme schon vielfach hinter sich hat.

Am schönsten sind die Spolien

Roms großmächtige Architektur regiert die Kunstgeschichte mit Gebäuden für ein Riesenvolk. Im Hof der Kapitolinischen Museen steht der marmorne Kolossalkopf des Kaisers Konstantin; seine Hände und Füße, die einst auf einen mit Goldblech verkleideten, inzwischen längst zu Staub zerfallenen Holztorso montiert waren, sind so groß wie ein erwachsener Mann. In den Caracalla-Thermen standen Statuen von Elefantenformat – heute sind sie im Nationalmuseum von Neapel zu sehen, aber als man sie ausgrub, ist der Palazzo Farnese für sie geplant worden, nur Wesen von solcher Raumverdrängung konnten sich in seinen Hallen wirklich zu Hause fühlen. Das

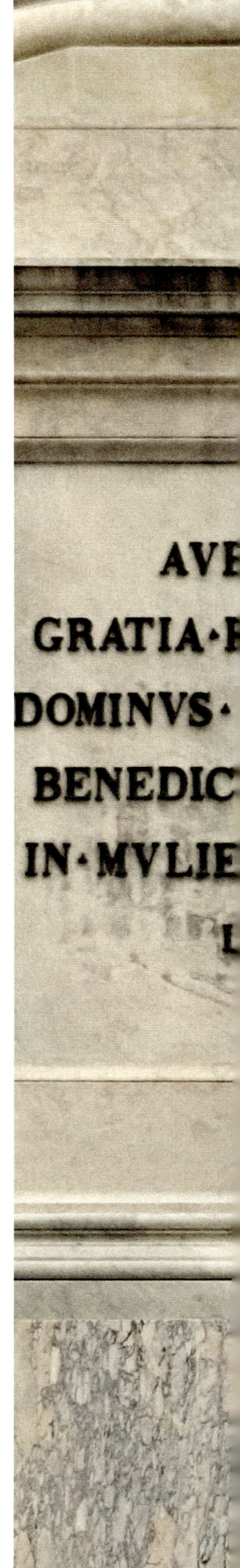

König David vor Werbeplakat
auf der Piazza di Spagna

Forum Romanum: Via Sacra mit den drei Säulen des
Dioskurentempels (re.), Vestatempel (Mitte) und Titusbogen (hinten)

San Nicola in Carcere, erbaut 1599 unter Verwendung der Säulen des Tempels der Juno Sospita (3. Jh. n. Chr.)

Pantheon und das Kolosseum haben die Maße vorgegeben; im Petersdom werden die Weihwasserbecken von Putten umflattert, die so groß wie Kälber und so schwer wie Zuchtsauen sind. Das gewaltig Geplante und unter Verbrauch furchterregender Materialmassen Ausgeführte ist römische Spezialität. Das Herumschleppen und Neuaufstellen der ägyptischen Obelisken, ohne die empfindlichen Giganten zu zerbrechen, war mit einem Aufwand verbunden, der dem von Kriegszügen entsprach. Aber anders als in Paris oder Washington, den Töchtern und Erben Roms, sind die Säulen und Kuppeln immer in nächster Nachbarschaft von Ruinen, die zu den triumphierenden Travertinburgen dasselbe zu sagen scheinen, was in den alten Beinhäusern über den Reihen der Totenschädel stand: »Wir waren, was ihr seid – ihr werdet sein, was wir sind.«

Die Gegenwart von Bruchstücken, Fragmenten, zertrümmerten Steinen bestimmt die Atmosphäre Roms: Mehr noch als die stolzen Kuppeln sind es die Spolien des untergegangenen, fortlebenden Reiches, die einen Platz, ein Haus, einen Garten römisch werden lassen. Wie besessen haben die Meister der Renaissance und des Barocks in Rom geplant und entworfen – aber das eigentlich Römische kam ungeplant zustande, in einem Weiterwachsen aus den weiten Trümmerfeldern der Antike. Eine richtige römische Kirche hat in ihrem Schiff zehnerlei verschiedene Säulen aus vergessenen Heidentempeln. Als Altar, der zugleich der Sarkophag eines Märtyrers ist, dient eine Badewanne aus rotem Porphyr, die einst in den Thermen eines Palastes gestanden hat. Ein Säulenkapitell zeigt das Bild des Osiris, der kostbare Fußboden ist mit kreisrunden Marmortafeln belegt, die nichts anderes als in Scheiben geschnittene antike Säulen sind. In die Treppenaufgänge alter Häuser sind Fundstücke aus dem Boden eingelassen, steinerne Täfelchen mit ein paar Buchstaben, ein Bruchstück einer Fruchtgirlande, ein marmornes Köpfchen, ein Stück eines Gesimses mit feinem Profil – das ist der schönste Wandschmuck, den man sich denken kann, ein Fresko müsste schon von Meisterhand sein, um den Reiz solcher Spolien-sammlungen zu erreichen. In den Mauern vieler Häuser steckt neben der Metz-gerei oder dem Internetcafé eine Säule, sie ist darin eingebacken wie in einem Dreikönigskuchen. In den Gärten liegen Kapitelle und behauene Türstürze und zerbrochene Säulen herum wie von Riesenhänden ausgestreut, sie sind zur Natur geworden, achtlos und ohne dekorative Absicht liegen sie da. Manchmal werden sie auch neu zusammengesetzt: Ein abgeschliffenes Kapitell kommt auf eine dafür viel zu kurze Säule, die auf einem gleichfalls nicht für sie geschaffenen Piedestal steht. In den Gartennischen des Palazzo Farnese hat Piranesi aus sol-chen Spolien eine Art großer Plastiken gebaut, die wohl dem Maler Giorgio de Chirico als Vorbild seiner collagierten Figuren auf den Arkadenplätzen der *arte metafisica* gedient haben. Die Collage als intellektuelles Programm der Kunst des 20. Jahrhunderts hat in Rom ohnehin den unerreichten Vorläufer, nur dass das Spiel mit den Spolien sich hier gleichsam von selbst ergab. Das ist das Gefähr-liche: Wer diese unbekümmerte Einschmelzung uralter Trümmerstücke in spätere Architektur einmal ganz bewusst erlebt hat, kann ein Haus ohne solche Steinbrocken in seinen Wänden, eine Kirche ohne Heidentempel-Säulen nie mehr ganz ernst nehmen.

Im Ghetto zur Untermiete

Mein erstes römisches Quartier vor bald 30 Jahren lag im Ghetto; Rom war da-mals noch ohne Fußgängerzonen, laut und schmutzig. Die Häuser hatten den erdhaft braun-orangefarbenen Anstrich, der in der Sonne unregelmäßig verblasste, sie waren fleckig und düster und ragten aus fernen Zeiten in die Gegenwart, ob-wohl diese Erdfarben angeblich erst aus dem späten 19. Jahrhundert stammten, erst aus der Savoyerzeit, aber auf mich wirkten sie barock-pomphaft-tragisch. *Roma aeterna,* das war für mich mit diesem Farbton oder vielmehr mit dieser reichen Palette verwitternden Braunrots verbunden, des farblichen Äquivalents zu dem Läuten großer Glocken. Die Kunsthistoriker haben sich inzwischen durchgesetzt, und die Palazzi und Kirchen erstrahlen nun in leicht abgetöntem

»Farbliches Äquivalent zu dem Läuten großer Glocken«: im ehemaligen jüdischen Ghetto

Weiß, sie wirken zierlicher und eleganter, aber weniger römisch, sie haben nicht mehr das großartig Erstarrte und Erschöpfte an sich, sondern irritieren durch vorgetäuschte Jugendlichkeit. So macht sich jede Zeit ihr eigenes Rombild zurecht. Meines ist eben noch ein finsteres, geborstenes, verwahrlostes Rom, ein Rom, das einer alten, einst berühmt schönen Schauspielerin gleicht, deren edles Profil man noch ahnen kann, die aber ein kettenrauchendes Wrack geworden ist. Mein Zimmer lag in einem großen Palast mit zwölf Fensterachsen. Wenn ich dorthin gelangen wollte, musste ich eine lange Reihe von Staatszimmern durchqueren, in denen die roten Seidentapeten in Fetzen von den Wänden hingen. Die Ölgemälde waren schwarz, als hätten tausend Kerzen sie mit ihrem Ruß eingeräuchert, ihre goldenen Rahmen wölbten sich mit Muscheln und Akanthusblättern weit in den Raum. Die Zimmer waren meist verlassen, denn der greise Hausherr saß, mit einer violetten Häkelstola umhüllt, die ihn auch in der heißen Zeit wärmte, mit seiner Köchin in der Küche, wo der Fernsehapparat stand, und sah eine *telenovela*. Die wesentliche Tätigkeit dieser Köchin bestand darin, den ganzen Tag über das Licht, das durch die Fensterläden drang, immer neu zu justieren – Innenläden zu schließen, Außenläden auszustellen –, eine Lichtmalerei mit vielen Schattentönen bis zur Stunde des Sonnenuntergangs. Zu dieser Stunde wurden alle Läden geöffnet, und für kurze Zeit fielen die warm-aprikosenfarbenen Sonnenstrahlen ins Innere – das war wie ein Augenblick der Erkenntnis kurz vor dem Ende des Lebens: »Ach, so hätte das sein können!« Zu der Fülle goldener Throne und geraffter Portieren bildete mein Zimmer den größtmöglichen Kontrast. Es war groß und fast leer; die sechs Meter hohe Decke wölbte sich über einer Tischplatte auf zwei Malerböcken, einem wackligen Gartenstuhl, einem Waschbecken mit einem einzigen Hahn – das Wasser war kalt, wie sich das unter solchen Umständen gehörte – und dem Bett, in dessen reich geschnitztem Neu-Renaissance-Rahmen eine Campingliege stand. Es gab aber immerhin einen Spiegel zum Rasieren. Und wenn ich mich aus dem Fenster beugte, sah ich tief unter mir in der vom Motorradknattern erfüllten Gasse am Fuß des gegenüberliegenden Hauses auf ein Mauerwerk aus ungefügen rohen grauen Steinen: Aus republikanischer Zeit, sagte mein Vermieter – »… aber doch nicht aus der gegenwärtigen Republik, *per carità*! Aus der richtigen, zweihundert vor Christus!«

Römische Wunden

Rom – aus Trümmern immer wieder weitergebaut, in allem Neuen immer fest mit seinem weit über zweitausend Jahre alten Boden verbunden, über jede Zerstörung triumphierend, aus jedem Verlust einen Gewinn machend – das ist das Rom der Rom-Ideologie, die durchaus überzeugen kann und die ich dennoch abgeschüttelt habe. Ich kenne Wunden und Beschädigungen Roms, die nicht verheilen können, Einbrüche in das gewachsene Rom-Geflecht, die das römische Gewebe zutiefst verletzt haben. Es kann mir neuerdings in Rom passieren, dass ich nur noch auf die Plätze und Straßen starre, von denen ich weiß, wie viele Kirchen, Klöster, Paläste und Arme-Leute-Häuser des Mittelalters für sie geopfert worden sind. Als gnadenloser Altstadt-Verwüster wird immer nur der Pariser Architekt Baron Haussmann genannt, der seine Boulevards durch das gotische Paris pflügte. Haussmanns Boulevards haben indessen einen beträchtlichen ästhetischen Wert; sie sind so schön, dass bei allem Bedauern über die Riesen-

»Zu dieser Stunde wurden alle Läden geöffnet«: Perspektive im San Lorenzo-Viertel

verluste die rechte Empörung sich nicht einstellen will, es bleibt allenfalls sanfte Melancholie angesichts der Gefräßigkeit der Geschichte, die bedenkenlos verschlingt und gebiert. Aber die Savoyer-Könige und Mussolini hatten keinen Haussmann; das Italien des neunzehnten Jahrhunderts war in künstlerische Mittelmäßigkeit abgesunken, und Mussolinis Narretei, als zweiter Cola di Rienzo eine *restauratio imperii* anzustreben, führte zu kalten Travertin-Blöcken, die in raumgreifender Klotzigkeit das einzigartige Gebilde einer sich über die antiken Reste stülpenden christlichen Stadt wegfegten. Ach, dieser ewige Travertin! Bei Sonnenuntergang färbt er sich rosig, aber in der gnadenlos herunterknallenden Mittagssonne nimmt er das Aussehen von Knochen an, dazu trägt seine feine Durchsetztheit mit Blasen und Einschlüssen bei. Rom ist die erste Stadt, der Alleen mit stattlichen Bäumen schweren Schaden angetan haben: Ich meine die üppigen Platanen am Tiberufer und an vielen anderen Stellen. Sie wurden gepflanzt, als Rom italienische Hauptstadt wurde; die Savoyer brachten sie aus dem Norden mit – aber nach Rom gehören keine Platanen. Rom ist keine südfranzösische

Der »Ernst, den Pflanzen haben, die den Steinen verwandt sind«: Pinien vor dem Circus Maximus

Provinzstadt mit Boule-Spielern vor dem Amtssitz des *sous-préfet*. Die Sonnen-pünktchen-Sentimentalität mit hellgrünem Licht ist nicht römisch. Nach Rom gehören uralt-alterslose Pinien mit schwarzem Grün, starre, die Menschen hoch überragende Baumreihen, die von fern aussehen wie ein Zug hinter einem Sarg. Herbststimmungen und Frühlingsgefühle gehören nicht nach Rom; Rom will das tote Immergrün, den Ernst, den Pflanzen haben, die den Steinen verwandt sind.

Der schlimmste Eingriff neuzeitlichen Denkens in das gewachsene Rom liegt aber viel weiter zurück. Je mehr ich darüber weiß, desto tiefer schneidet er mir ins Herz. Das ist der Abriss der alten Peterskirche, der von Kaiser Konstantin geschaffenen Basilika, der kostbarsten Reliquie des Papsttums, und ihre Verdrän-gung durch den Petersdom des Bramante, des Michelangelo und des Maderna. In der Aufzählung dieser Meisterarchitekten und ihrer immer neu erstaunenden Schöpfung wird mir deutlich, wie wenig individuelle Genialität zum Vorteil einer Stadt und zum Leben einer Religion beitragen kann. In der konstantinischen Säulenhalle hatten sich die Antike und das Christentum in der Weise verbunden,

die sich wahrhaft katholisch nennen durfte. Der neue Dom ist trotz seiner unbestreitbaren Zugehörigkeit zu Renaissance und Barock von einer eigentümlichen Geschichtslosigkeit und in seiner schwelgerischen Überhöhung des Römischen im Grunde ein modernistischer Aufstand gegen die römische Idee organischen Weiterwucherns durch alle Epochen der Geschichte hindurch. Es gehört zu Rom, dass diese Idee sich gegen stärkste Kontraste behaupten muss. Wer die Zerstörungen des alten Rom recht eindringlich erlebt, fühlt das eigentliche Bild Roms, das stets gefährdete, in seiner Phantasie immer stärker werden.

Wolken aus Flügeln

Einen größeren Teil meines letzten Romans habe ich in einem kleinen Zimmer auf dem Dach der Chiesa Nuova geschrieben. Die Chiesa Nuova liegt am Corso Vittorio Emmanuele, ein Travertin-Gebirge muss für sie abgetragen worden sein; wie ein übergroßer Ozeandampfer ist sie in das Gassengeflecht hineingeschoben.

Ist sie eigentlich schön? Sie gehört zu den prunkvollen Marmorhallen mit Säulen- und Kuppelpracht, die in Rom etwas beinahe Alltägliches haben. Die Römer der Antike hatten die gewaltigen, statuengeschmückten Thermenanlagen, in denen sie ganz selbstverständlich ihre Tage verbrachten. Die Römer des christlichen Rom haben stattdessen Kirchenhallen voller Gemälde, Mosaiken, Skulpturen und Bronze, in denen sie sich wie auf öffentlichen Plätzen bewegen und die den heute in Ruinen liegenden Thermenbauten gar nicht so unähnlich sind. Auf dem Dach der Kirche aber, durch eine enge Wendeltreppe erreichbar, erwartete mich ein Eremitenidyll: Der unebene Boden zeichnete die kleinen Kuppeln der Seiten-kapellen nach, durch ein vor Schmutz beinahe blindes Fenster waren die dick verstaubten Flügel eines Stuckengels zu ahnen, der hoch über einem in der Tiefe schimmernden Altar schwebte. Ein Sarkophag mit Wellenmuster enthielt einen Gartenschlauch, mit dem die vielen Blumentöpfe gewässert wurden. Sankt Philipp Neri, der Gründer dieser Kirche, hatte hier oben seine Zelle gehabt, freilich nicht

»Mussolinis Narretei«: die Via dei Fori Imperiali

jene, die heute als die seine gezeigt wird und in der in vergitterten Schränken rechts und links eines kleinen Altares seine Matratze und sein schwarzer Talar verwahrt sind. Die richtige Zelle ist irgendwann einmal abgebrannt, so verhält es sich schließlich mit vielen Orten der Erinnerung. In der Nähe der Piazza Navona sind die Straßen in eine einzige Pizzeria verwandelt, an manchen Ecken lösen sich die Menschenhaufen erst um vier Uhr früh allmählich auf, aber hier auf dem Dach herrschte ein geradezu ländlicher Friede.

Im Herbst ist in Rom ein Naturwunder zu beobachten, schön wie ein Sonnenuntergang oder ein mächtiger Wasserfall: die Wolken der Stare, die mit ihren kleinen schwarzen Körpern den tollkühnen Versuch unternehmen, den Himmel zu verdunkeln. Kein besserer Platz war denkbar, um die Stare zu sehen, als meine Eremitage. Sie führten ein Vogel-Feuerwerk auf, sie ballten sich zu Tausenden zu einer dunklen Sonne zusammen und explodierten dann nach allen Seiten zu Himmelschrysanthemen, sie verwandelten sich als Schwarm in wehende Fahnen, sie formten große Herzen, große Ellipsen, als sei ihre gemeinsame Absicht, der Welt ein staunenswert perfektes Schau- und Figurenfliegen vorzuführen. Dann änderten sie den Plan und ließen sich, als seien sie regenschwer, aus ihren Höhen hinabsinken auf die Kuppeln der Stadt. Eine geflügelte Avantgarde schoss auf mich zu und bog erst knapp vor meinem Fenster wieder hinauf in die Lüfte, kehrte zurück und bog wieder ab und fuhr fort mit diesem Spiel und tat das nur, damit ich das schönste und zarteste Geräusch hörte, das ich je vernommen habe: das Rauschen der kleinen Flügel, und das war – wie war das? Wie das Rascheln von Taft oder wie das leise Fließen einer Quelle über bunte Kiesel oder wie das Platzen von Seifenblasen – nein, nichts davon, es war unbeschreiblich, aber die Sehnsucht weckend, es immer wieder und stets aufs Neue zu hören. ¢

MARTIN MOSEBACH,
Mitglied des P.E.N.-Clubs und der Deutschen
Akademie für Sprache und Dichtung in
Darmstadt, wurde für sein umfangreiches Werk
(Prosa und Lyrik, Aufsätze über Kunst und Literatur,
Hörspiele, Dramen, Libretti, Filmdrehbücher)
vielfach ausgezeichnet, u. a. mit dem Georg-
Büchner-Preis. Zuletzt erschien von ihm der Roman
Was davor geschah im Hanser Verlag.

Die Invasion der Stare

ITALO CALVINO

In diesem Spätherbst gibt es in Rom etwas Ungewöhnliches zu sehen, nämlich den Himmel voller Vögel. Die Dachterrasse der Palomars ist ein guter Beobachtungsposten, von wo aus der Blick in weitem Umkreis über die Dächer schweift. Herr Palomar weiß von diesen Vögeln nur, was er über sie gehört hat: Stare sind es, die aus dem Norden kommen und sich zu Hunderttausenden hier versammeln, um anschließend alle gemeinsam nach Afrika aufzubrechen. Nachts schlafen sie auf den Bäumen der Stadt, und wer sein Auto am Tiberufer geparkt hat, muß es am nächsten Morgen von oben bis unten waschen.

Wohin sie tagsüber fliegen, welche Funktion dieser lange Stadtaufenthalt in der Strategie ihrer Züge hat, was diese immensen Abendversammlungen für sie bedeuten, diese Flugübungen wie für ein großes Manöver oder eine Parade, hat Herr Palomar noch nicht so ganz verstanden. Die Erklärungen, die man gewöhnlich dafür bekommt, sind alle ein wenig zweifelhaft, konditioniert von Hypothesen und schwankend zwischen verschiedenen Alternativen. Was nicht weiter verwunderlich ist, da es sich um Gerüchte handelt, die von Mund zu Mund weitergehen, doch wie es scheint, ist auch die Wissenschaft, der es zukäme, sie zu bestätigen oder zu widerlegen, unsicher, approximativ. Bei diesem Stand der Dinge hat Herr Palomar sich entschlossen, lediglich zu beobachten, um das wenige, was ihm zu sehen gelingt, in den kleinsten Details zu fixieren und sich an die spontanen Ideen zu halten, die ihm dabei kommen.

Am rotblauen Abendhimmel sieht er von einer Seite her einen dünnen Staubschleier aufziehen, eine Wolke flatternder Flügel. Er macht sich klar, daß es Tausende und Abertausende sind: eine Invasion, die das ganze Himmelsrund überzieht. Was ihm bis eben noch als eine stille und leere Unermeßlichkeit vorkam, erweist sich auf einmal als ganz durchdrungen von pfeilschnellen leichten Präsenzen.

Eigentlich ein beruhigender Anblick, das Erscheinen der Zugvögel, in unserem Urgedächtnis verbindet es sich mit dem Kommen und Gehen der Jahreszeiten. Doch in Herrn Palomar weckt es ein vages Gefühl von Beklommenheit. Vielleicht weil diese plötzliche Überfüllung des Himmels uns daran erinnert, daß die Natur aus dem Gleichgewicht ist? Oder weil unser Unsicherheitsgefühl überall Vorzeichen von Katastrophen sieht?

Wenn man an Zugvögel denkt, stellt man sich für gewöhnlich eine wohlgeordnete und kompakte Flugformation vor, die den Himmel als breite Front oder langgezogene Phalanx mit spitzem Winkel durchpflügt, fast

eine aus zahllosen Vögeln gebildete Vogelform. Doch dieses Bild gilt nicht
für die Stare, jedenfalls nicht für diese Stare am herbstlichen Himmel
Roms: Sie bilden eine dichte Masse, die sich in der Luft zu zerstreuen und
aufzulösen scheint wie Pulver in einer Flüssigkeit, statt dessen sich aber
ständig weiter verdichtet, als würden ihr aus einer unsichtbaren Rohrlei-
tung permanent neue wirbelnde Teilchen zugeführt, ohne die Lösung jemals zu sättigen.

Die Wolke wird breiter, schwarzgepunktet von Flügeln, die sich jetzt
klarer vom Himmel abheben, ein Zeichen dafür, daß sie näherkommen.
Herr Palomar kann im Innern des Schwarms bereits eine Perspektive erkennen, denn einige Vögel sieht er schon ganz nah über seinem Kopf fliegen, andere ferner, andere noch ferner, und ständig entdeckt er weitere,
kleiner und kleiner werdende Punkte, über Kilometer und Kilometer, wie
es scheint, und man wäre geneigt, den Distanzen vom einen zum anderen
ein nahezu gleiches Maß zuzuschreiben. Doch diese Illusion von Regelmäßigkeit ist verräterisch, denn nichts ist schwerer zu schätzen als die
Verteilungsdichte von Vögeln im Flug: Wo die Kompaktheit des Schwarms
beinahe den Himmel verdunkelt, entdeckt man auf einmal, daß zwischen
Vogel und Vogel leere Abgründe klaffen.

Verweilt er ein paar Minuten dabei, die Disposition der Vögel im einzelnen zu verfolgen, Star um Star im Bezug zueinander, so fühlt Herr Palomar sich in ein Netz einbezogen, das kontinuierlich und lückenlos immer weitergeht, als würde er selber zu einem Teil dieses sich bewegenden
Körpers, der aus Hunderten und Aberhunderten einzelner Körper besteht,
die zusammen ein Ganzes bilden wie eine Wolke oder Rauchsäule oder
ein Wasserstrahl, also etwas, das trotz aller Flüssigkeit in der Substanz
eine Solidität in der Form erreicht. Doch er braucht nur einen einzelnen
Star mit dem Blick zu verfolgen, und schon gewinnt die Dissoziation der
Teile wieder die Oberhand, und die Strömung, die ihn zu tragen, oder das
Netz, das ihn zu halten schien, lösen sich auf, und der Effekt ist ein
Schwindelgefühl im Magen.

So zum Beispiel, wenn Herr Palomar, nachdem er sich überzeugt hat,
daß der Schwarm direkt auf ihn zufliegt, den Blick auf einen einzelnen
Vogel richtet, der sich statt dessen entfernt, und von diesem auf einen
anderen, der sich gleichfalls entfernt, aber in eine andere Richtung, und
auf einmal merkt er, daß alle Vögel, die scheinbar näherkommen, in Wirk-

lichkeit überallhin davonfliegen, als befände er sich im Zentrum einer Explosion. Doch er braucht nur den Blick in eine andere Himmelsgegend zu richten, und schon konzentrieren die Vögel sich wieder zu einem immer dichteren und kompakteren Strudel, wie Eisenspäne auf einem Papier mit einem Magneten darunter, der sie anzieht und zu kreisenden Mustern ordnet, die bald dunkler, bald heller werden und sich am Ende auflösen, um nur disparate Fragmente auf dem weißen Papier zu lassen.

Schließlich bildet sich eine Form in dem wirren Geflatter, kommt näher, verdichtet sich: eine runde Form, ein Kreis oder eine Kugel, eine Blase, das Blasenrund eines Comic-Zeichners, der an einen Himmel voller Vögel denkt, eine Lawine aus flatternden Flügeln, die durch die Luft rollt und sich alle Vögel im Umkreis einverleibt. In der Gleichförmigkeit des umgebenden Raumes bildet sie einen Sonderraum, einen sich bewegenden Hohlraum, in dessen Grenzen – die sich ausdehnen und zusammenziehen wie eine elastische Oberfläche – die Stare weiterhin kreuz und quer umherfliegen können, solange sie nicht die Kugelform des Ganzen entstellen.

Nach einer Weile bemerkt Herr Palomar, daß die Zahl der wirbelnden Wesen im Innern der Kugel rasch zunimmt, als strömten, zügig wie der Sandstrom in einer Sanduhr, neue Kräfte herein. Es ist eine weitere Vogelschar, die gleichfalls Kugelform annimmt, während sie in der bestehenden Kugel wächst. Doch offenbar reicht ihr Zusammenhalt nur bis zu einer bestimmten Grenze, denn schon sieht Herr Palomar ein Zerfasern der Form an den Rändern, ja echte Risse, die aufbrechen und die Kugel zerplatzen lassen. Er hat sie noch kaum recht wahrgenommen, da ist die Figur schon wieder zerfallen.

Die Beobachtungen über die Vögel folgen und multiplizieren einander so schnell, dass Herr Palomar, um sie im Kopf zu ordnen, das Bedürfnis verspürt, mit seinen Freunden darüber zu sprechen. Auch seine Freunde haben etwas dazu zu sagen, denn allen ist es schon einmal untergekommen, sich für das Phänomen zu interessieren, oder ihr Interesse hat sich geregt, nachdem er mit ihnen darüber gesprochen hat. Es ist ein unerschöpfliches Thema, und wenn einer der Freunde glaubt, etwas Neues gesehen zu haben oder einen früheren Eindruck revidieren zu müssen, fühlt er sich verpflichtet, sofort mit den anderen zu telefonieren. So läuft ein ständiger Fluß von Nachrichten hin und her durch das Telefonnetz, während der Himmel von Vogelschwärmen durchpflügt wird.

»Hast du gesehen, wie sie es immer schaffen, einander auszuweichen, auch wenn sie in dichten Haufen fliegen, auch wenn ihre Flugbahnen sich überschneiden? Man möchte fast meinen, sie hätten Radar.«

»Das stimmt nicht, ich habe schon schlimm zugerichtete Vögel auf dem Straßenpflaster gefunden, sterbende oder tote: die Opfer der Flugzusammenstöße, die unvermeidlich sind, wenn die Dichte zu groß wird.«

»Ich weiß jetzt, warum sie abends immer so lange noch über diesem Teil der Stadt fliegen. Sie sind wie Flugzeuge, die über dem Flugplatz kreisen, bis sie Landeerlaubnis kriegen. Darum sehen wir sie immer so lange herumfliegen: Sie warten, bis sie an der Reihe sind, sich auf die Bäume zu setzen, wo sie die Nacht verbringen.«

»Ich hab gesehen, wie sie's machen, wenn sie auf die Bäume runtergehen. Sie kreisen erst lange am Himmel in Spiralen, und dann plötzlich, einer nach dem anderen, gehen sie im Sturzflug runter, jeder genau auf den Baum, den er sich ausgesucht hat, um erst im allerletzten Moment scharf abzubremsen und sich auf den Ast zu setzen.«

»Nein, Verstopfungen des Luftverkehrs können nicht das Problem sein. Jeder Vogel hat seinen bestimmten Baum, seinen bestimmten Ast und seinen Platz auf dem Ast. Er erkennt ihn von oben und stürzt sich drauf.«

»Haben sie so scharfe Augen?«

»Hmm.«

Es sind nie lange Telefonate, auch weil Herr Palomar rasch wieder auf die Terrasse will, als fürchte er, etwas Entscheidendes zu verpassen.

Jetzt sieht es so aus, als hielten die Vögel nur den Teil des Himmels besetzt, den noch die Strahlen der untergehenden Sonne erreichen. Doch wenn man genauer hinsieht, erkennt man, daß ihr Zusammen- und Auseinanderströmen sich wie ein langes, im Zickzack wedelndes Band abwickelt. In den Kurven des Bandes erscheint der Schwarm dichter, fast wie ein Bienenschwarm, und auf den langen geraden Strecken ist er nur eine lockere Folge von flatternden Punkten.

Bis der letzte Schein am Himmel verlischt, steigt aus den Straßenschluchten ein Meer von Dunkelheit auf, um den Archipel von Ziegeln und Kuppeln und Dachterrassen und Glockentürmen und Attiken und Altanen zu überschwemmen. Und das schwarze Geschwirr der himmlischen Invasoren stürzt hernieder, bis es verschmilzt mit dem schweren Flug der blöden kackenden städtischen Tauben. **c**

ITALO CALVINO,
geboren 1923, zählt zu den zentralen Figuren der
italienischen Nachkriegsliteratur.
Neben vielfach ausgezeichneten literarischen Werken
verfasste er zahlreiche politische Essays. Italo Calvino
starb 1985 in Siena; sein Werk erscheint auf Deutsch
im Hanser Verlag.

Die Partisan

VIA
S. NEMESIO

NOW
RING
IRLANDA
LIBERA ★
RBATELLA

∽ LYDIA GLESS ∽

en von Rom

Widerstand gegen die »Telekratie«: Alltag und Sorgen junger Römer

Licht im Dunkeln: Junge Römer gedenken der Opfer des 24. 3. 1944

E s ist Abend geworden in Rom. Der Winter ist vorbei, die Luft mild, der Himmel klar, der Frühling naht. Windstille. Mehr als hundert Menschen haben sich in der Dunkelheit versammelt. Sie hören einer alten Dame zu, klein, mit Brille und grauem, halblangem Haar. Quer über der Schulter ihre Handtasche. Leise spricht sie, mit fester Stimme, es ist ganz still um sie herum. Hinter ihr stehen im Halbkreis ein paar junge Menschen mit brennenden Fackeln. Die alte Dame erzählt von früher, als sie zwölf Jahre alt war und Italien von den Deutschen besetzt. Ihr Vater kämpfte im Widerstand, und auch sie, noch ein Kind, wollte unbedingt dabei sein. Sie lief zum Anführer der Partisanen in die Berge. Der sagte, sie sei zu jung, um zu helfen im Kampf gegen die Nazis. Doch weil sie so bettelte, ließ er sie wenigstens Nachrichten überbringen.

Zehn Italiener für einen Deutschen

Heute Abend steht sie hier, vor den Ardeatinischen Höhlen, an der Stadtgrenze Roms. Hier, wo die Deutschen am 24. März 1944 eines der schlimmsten Kriegsverbrechen im besetzten Rom begingen. Hier erschossen sie 335 römische Zivilisten und Soldaten, Frauen und Männer. Eine Vergeltungsaktion für den Tod von deutschen Soldaten, die am Tag zuvor bei einem Bombenattentat des italienischen Widerstands umgekommen waren. Wahllos und hektisch hatten die Nazis ihre Opfer aus den Gefängnissen geholt, meist politische Gefangene, und gruppenweise in den Sandsteinhöhlen exekutiert. Zehn Italiener für jeden Deutschen. Erst nach Kriegsende fand man die Leichenberge, die in dem feuchten Lehmboden mumifiziert waren. Und

wer heute die Gedenkstätte besucht, meint noch immer die Anwesenheit der Toten zu spüren.

Am Ende der Kundgebung lassen die jungen Leute in stillem Gedenken für jedes der 335 Opfer eine Himmelslaterne aufsteigen. Andächtig schauen sie den Ballons nach, zaghaft applaudierend.

Die jungen Menschen, die der Partisanin von damals bewegt zugehört haben, fühlen sich auch wie Widerstandskämpfer. Heute kämpfen sie wieder gegen die Besetzung Italiens. Heute ist ihr Land, ihre Stadt von Korruption, von der Mafia und von Zensur okkupiert. Von bestechlichen Politikern und von einem übermächtigen, alles zukleisternden Fernsehen. Und wenn sie der Opfer von damals gedenken, wehren sie sich auch gegen den neuen Faschismus in Italien. Sie legen keine Bomben, sie kämpfen mit Intelligenz, Humor und der Kraft der Worte. Sie verstecken sich nicht in den Bergen, sie führen ihren Kampf im Internet.

Einer von ihnen ist Emiliano Marinucci. Ein Römer, hier geboren und aufgewachsen. Der Bruder seines Großvaters gehört zu den Opfern vom 24. März 1944. Er war Drucker und saß im Gefängnis wegen gefälschter Papiere, die er für den Widerstand angefertigt hatte, als die Nazis ihn holten und erschossen. Emiliano ist 34 und besucht die Gedenkstätte an den Ardeatinischen Höhlen schon seit vielen Jahren. »Das ist für uns Römer ein sehr emotionaler Ort. Obwohl ich so oft hier bin, muss ich jedes Mal weinen.«

Emiliano hat Architekturzeichnen studiert, aber damit keine Arbeit gefunden. Also hält er sich mit Taxifahren über Wasser. »Mein Vater ist auch Taxifahrer. Das ist hier wie im Mittelalter: Ein Römer bekommt seinen Beruf vom Vater vererbt.« Er lebt allein in einer Wohnung in Trastevere, spielt leidenschaftlich Fußball,

hat eine Freundin und viele Freunde. Sie alle verbindet ihr politisches Interesse und Engagement, ihre Kritik und die eine große Sorge um ihr Land: dass die Demokratie stirbt.

Emiliano hat immer ein Buch und eine Zeitung im Taxi liegen, oft steht er mit seinem Wagen am Flughafen, wartet auf Fahrgäste und liest Historisches über die Mussolini-Zeit oder kritische Bücher über Berlusconi. Er schaut über den italienischen Tellerrand hinaus, informiert sich im Internet, was die europäische Presse über sein Land denkt und schreibt. Mit Anfang 20 ging er für zwei Jahre nach London, hat dort in Restaurants gejobbt, die Sprache gelernt, gelebt, einen Blick von außen auf sein Land bekommen. »In England habe ich gelebte Demokratie gesehen, öffentliche Debatten, sachliche politische Auseinandersetzungen. Und: Man wird nicht überfahren, wenn man als Fußgänger auf die Straße tritt. Das war neu für mich. In Rom ist man tot.« In Afrika war er auch, hat mit Freunden mehrere Wochen lang den Kontinent bereist. »Da hat mich vieles an Italien erinnert, mehr als in London. Nicht nur die Hitze, die engen Gassen, die Händler auf den Straßen, die vielen Mofas – vor allem die Anarchie des Alltags.«

»Das ist kein Autofahren, das ist Nahkampf.« Diesen Satz sagt Emiliano oft. Wenn er die Touristen vom Flughafen Fiumicino ins historische Zentrum fährt und im Stau hundertfaches Hupen an den Nerven zerrt. Wenn er sie vom Petersdom zur Spanischen Treppe bringt und eine Vespa das Taxi mit Millimeterabstand umschlängelt. Die Einheimischen sind an den katastrophalen Verkehr gewöhnt, darüber regt sich hier niemand mehr auf. Zu wenig Platz für zu viele Autos, zu viele Baustellen, Regeln, an die sich keiner hält:

Vorfahrt, Ampel, Einbahnstraße, Taxispur – egal, jeder fährt, wie er will.

Was Touristen charmant finden, ist Anarchie auf der Straße. Und zermürbt die Menschen, die hier leben. Jeden Tag Stau auf dem Weg zur Arbeit, kein Parkplatz, abends wieder zurück in die Vororte. Im *centro storico* wohnen seit langem keine Einheimischen mehr. »Das kann sich kein normaler Römer mehr leisten, die Wohnungspreise sind explodiert. Um hier ein Haus zu haben, musst du schon Vater und Mutter umbringen«, sagt Emiliano und grinst.

Ablasshandel wie im Mittelalter

Kranke bekommen erst im nächsten Jahr einen OP-Termin, Gerichtsverhandlungen dauern oft so lange, bis das Vergehen verjährt ist, Baugenehmigungen dauern Jahre. Die Römer nehmen die Missstände in ihrer Stadt mit Galgenhumor und Resignation. Sie suchen einen Schleichweg und fangen einfach an mit dem Hausbau. Was erst einmal ohne Genehmigung steht, wird so gut wie nie wieder abgerissen. Fast jedes Jahr wird eine Amnestie erlassen, die Schwarzbauten nachträglich durch Zahlung einer Gebühr legalisiert. Wie im Mittelalter, als man sich durch Ablasshandel von seinen Sünden freikaufen konnte.

»Wenn du schnell bist, kannst du ein Haus im Kolosseum bauen«, bringt es Emiliano auf den Punkt. »Und wer krank ist, ruft einen Freund an, der einen Freund hat, der den kennt, der im Krankenhaus die Termine vergibt.« Am Ende funktioniert es, nicht auf dem offiziellen Weg, aber es funktioniert. Und da es alle so machen, ja machen müssen, ändert sich nichts. Man wurschtelt sich so durch, Verantwortung für mehr

»Wähl keinen«: Ist das die Lösung?

als die eigene Familie ist ungewöhnlich. Natürlich gibt es Veränderungen, in der italienischen Politik sogar so viele, dass man den Überblick verlieren kann. Seit 1945 hat es in Italien über 60 Regierungen gegeben. Aber hat sich etwas verändert?

Spätestens seit der größten politischen Krise der Nachkriegszeit haben die Italiener ihr Vertrauen in die Politik verloren. Damals, 1992, wurde das korrupte flächendeckende System um Christdemokraten und Sozialisten aufgedeckt. Fast 50 Jahre hatte die Partei der *Democrazia Cristiana* regiert. Und so war ein dichtes kriminelles Geflecht aus Politik, Wirtschaft und Mafia entstanden. Eine große Anti-Korruptions-Ermittlung, genannt *mani pulite* (»saubere Hände«), zerschlug es. Danach war die Parteienlandschaft zerstört, ein Machtvakuum entstand. Die Verhältnisse waren instabil.

Und ermöglichten einem Silvio Berlusconi den Aufstieg ins Zentrum der Macht. Er thront heute über allem: als Ministerpräsident, Milliardär, Medienmogul. Seine Steuerprozesse und Korruptionsvorwürfe sind inzwischen so verworren und zahlreich, dass man seine Sexaffären mit jungen Mädchen schon als lapidar abtun könnte.

Er hält sich im Amt. Ein Regierungschef, der sich für jedes seiner persönlichen Probleme ein neues Gesetz ausdenkt, das ihn vor Strafverfolgung schützt: Die Tageszeitung *La Repubblica* listete 18 Gesetze auf, die Berlusconi als Person und als Unternehmer von Nutzen waren und von seiner Regierung durchgebracht wurden. Jede Kritik an seiner Person brandmarkt er kategorisch als kommunistisches Komplott. Richter verunglimpft er als »rote Roben«. Sprachrohr für seine Sicht der Dinge sind nicht nur seine eigenen drei Fernsehkanäle, die größten privaten des Landes, sondern auch Zeitungen und Zeitschriften, die in seinem oder im Besitz seiner Familie sind.

In Italien gehört es heute zum politischen Alltag, dass wegen Betrugs oder Steuerhinterziehung rechtskräftig Verurteilte im Parlament sitzen. Dass Politiker für jede neue Wahl die Lager und Standpunkte wechseln. Dass Skandale nur für wenige wirklich das Ende der Karriere bedeuten: Die meisten tauchen immer irgendwo wieder auf – in einer anderen Partei, einer anderen Region, in einem anderen Amt. Die Mehrheit der Italiener begegnet diesen Zuständen mit Gleichgültigkeit, große Erwartungen hat keiner an die Volksvertreter.

Der Duce und die Urlaubsinsel

Wir haben uns inzwischen auf eine Mauer gesetzt, ein wenig abseits der Menschenmassen. Emiliano hat viel zu erzählen, redet auch mit den Händen, er will, dass wir alles verstehen, auch wenn er ahnt, dass uns vieles fremd erscheinen muss: »Für euch klingt das verrückt, aber für uns ist es normal.« Es bedeutet ihm sehr viel, dass sich deutsche Journalisten dafür interessieren, was er – »Ich bin nur ein kleiner Taxifahrer« – über seine Stadt, sein Land denkt. Ein kluger junger Mann, engagiert, ohne fanatisch zu werden, realistisch, ohne zu resignieren. Er sagt: »Die Politik ist eine einzige Farce. Eine richtige Opposition gibt es nicht. Die sind alle Statisten einer großen Inszenierung. Ob links, ob rechts oder Mitte: Alle wollen ihre Macht erhalten und schanzen sich gegenseitig Ämter und Gelder zu. Jeden Tag lesen wir von neuen Skandalen. Solche Leute kann man doch nicht wählen. Die Nichtwähler sind inzwischen die größte ›Partei‹. Echte politische Debatten gibt es nicht. Alles ist nur wie eine große Fernsehshow.« Und wo alles nur noch Unterhaltung ist, verliert auch die Vergangenheit an Ernst und Bedeutung. Berlusconis Satz von 1995, der *Duce* habe keinen einzigen Menschen töten lassen, sondern die Oppositionellen lediglich zum Urlaub auf eine Insel geschickt, steht bis heute beispielhaft für die um sich greifende Verniedlichung der Mussolini-Diktatur. Die extreme Rechte hat heute in Italien Regierungsverantwortung, unter Berlusconi wurde die faschistische Gesinnung wieder gesellschaftsfähig. Die *Lega Nord* unter Umberto Bossi ist ebenso im Bündnis des Ministerpräsidenten wie die *Duce*-Enkelin Alessandra Mussolini, die »lieber Faschistin als schwul« ist. Der Schweizer Historiker Aram Mattioli, einer der hervorragenden Experten für die Geschichte der Mussolini-Diktatur, erklärt diese Entwicklung so: »Die italienische Gesellschaft hat ihre Vergangenheit nicht aufgearbeitet.«

Patriotismus nicht leichtgemacht

Emiliano beobachtet das alles sehr genau, fühlt er sich doch der Geschichte besonders verpflichtet. »Jahrzehntelang waren die Widerstandskämpfer gegen die deutschen Nazis unsere Helden. Jetzt gräbt man ihnen die Ehre ab und behauptet zum Beispiel, sie hätten Schuld an den Erschießungen in den Ardeatinischen Höhlen, denn ihre Aktion am Vortag sei illegal gewesen. Dabei war das Attentat ein Angriff gegen die Besetzung. Wir waren ja schließlich im Krieg.«

Emiliano liebt sein Land, aber diese Liebe wird ihm nicht leichtgemacht. Vieles kann er kaum ertragen, oft schämt er sich. Zum Beispiel, wenn er hört, dass ein Kollege bei der Taxifahrt in der Stadt den Tarif im Taxameter automatisch auf »Fahrt nach außerhalb« umstellt, um ein paar Euro mehr zu verdienen. Die Touristen werden es schon nicht merken. »Gerade weil ich mein Land liebe, muss ich kritisch sein. Ich befürchte zwar, dass sich die Strukturen nie zerstören lassen. Trotzdem kann man sich nicht damit abfinden. Wir dürfen die Augen nicht verschließen. Und ich kann es auch nicht. Ich kann einfach nicht wegsehen. Wir haben so eine wundervolle Verfassung, ich finde, sie gehört zu den besten in der Welt. Sie ist unter dem Eindruck von Krieg und Diktatur geschrieben worden, und das italienische Volk will keinen Buchstaben daran ändern, auch wenn Berlusconi das schon versucht hat. Das ist das Problem: Es ist möglich geworden, dass jemand wie er heute die Demokratie aushebelt, indem alles, was er tut, nur seinem eigenen Vorteil dient. Darin ist er allerdings typisch italienisch: Jeder schaut hier, wie er klarkommt. Nur: Berlusconi ist unser gewählter Regierungschef, er sollte im Sinne Italiens handeln, nicht in seinem eigenen.«

Emiliano Marinucci

Die Polizei hat's nicht gesehen: Wer besticht, darf auch falsch parken

Wenn das so offensichtlich ist, warum wird er immer wieder gewählt? »Weil auch er die Missstände in Italien anprangert und verspricht, alles zu verändern. Weil er Stärke und Macht und Reichtum ausstrahlt, was sich jeder auch für sich wünscht. Aber viele verstehen nicht: Er ist Teil des Problems.«

Wir gehen weiter. Emiliano fragt, ob wir einen Kaffee trinken wollen. Wobei: Das ist in Italien keine Frage, sondern eine Feststellung, die ein Nein als Antwort nicht vorsieht. »Wir trinken ständig Kaffee. Vor dem Essen, nach dem Essen, während der Arbeit – immerzu. Ich zeige euch, wo es den besten Kaffee der Stadt gibt.« Emiliano hat heute schon gearbeitet, seine Frühschicht geht von sechs Uhr morgens bis zwei Uhr mittags. Viel war nicht los, die meiste Zeit hat er gewartet, 40 Euro eingenommen. Das Benzin muss er davon noch abrechnen. Wir sind jetzt am Pantheon und haben es nicht weit bis zum »Sant' Eustachio«, einem berühmten römischen Stehcafé mit eigener Rösterei. Es ist voll, aber der Mann hinterm Tresen kennt Emiliano, da geht es schneller.

Während wir warten, sprechen wir über das Fernsehen. Der Unternehmer Berlusconi kontrolliert mit seiner Firma Mediaset und seinen drei Sendern den Medienmarkt Italiens. Der Ministerpräsident Berlusconi kontrolliert indirekt das öffentlich-rechtliche Fernsehen der RAI, weil sein Parteienbündnis im Aufsichtsrat der RAI die Mehrheit hat. So tauscht er Führungsriegen nach Belieben aus, lässt unliebsame Sendungen absetzen. »Seit Berlusconi in der Politik ist, wird uns vom Fernsehen systematisch Weichspüler in die Köpfe gekippt. Hauptsächlich laufen Schönheits- und Gesangswettbewerbe, dazu Serien und einseitige Nachrichten. Das Volk wird für dumm verkauft und bekommt immer und immer wieder die gleichen populistischen Parolen zu hören – so lange, bis es alle glauben. Wir haben keine Demokratie mehr, sondern eine Telekratie.«

Emiliano schätzt, dass 80 Prozent der Leute glauben, was das Fernsehen ihnen erzählt. Die anderen sehen nicht mehr fern. Aber wie informieren die sich? Wie bildet man sich eine Meinung in einem Land, das als einziges in Westeuropa immer wieder von *Freedom*

House, einer Forschungseinrichtung, als nur »teilweise frei« in Bezug auf seine Pressefreiheit eingestuft wird? »Das ist schwierig, sehr schwierig«, gibt Emiliano zu. »Aber zum Glück gibt es das Internet. Alles, was verboten oder abgesetzt wird, findet man da wieder. Und ganz wichtig: *Il Fatto Quotidiano*.«

Erst seit dem letzten Jahr gibt es diese neue Tageszeitung, und sofort war sie sehr erfolgreich, Auflage: 150.000. Ein kleines Wunder, verzichtet sie doch auf Staatshilfen und gehört keinem Unternehmer wie sonst üblich. Investigative Journalisten schreiben hier, vielen ist wegen ihrer kritischen Haltung bei Berlusconi-freundlichen Zeitungen gekündigt worden, andere gaben ihre sichere Stelle auf, um unabhängig berichten zu können. Emiliano kauft die Zeitung täglich, und wenn er seine Freunde trifft, beginnt fast jede Unterhaltung mit: »Hast du heute schon *Fatto* gelesen?«

Auftritt der »Plastikfrauen«

Unser Espresso ist da. Während wir trinken, haben zwei Frauen ihren glamourösen Auftritt: blonde Mähne, Sonnenbrille, Stilettos. Alle Männer, auch die ins Gespräch vertieften, schauen hin. Das geschätzte Alter auf den ersten Blick: höchstens 19, auf den zweiten: Anfang 50. »Plastikfrauen«, sagt Emiliano. Sie kaufen kartonweise *Bacios*, feines Gebäck in gelbem Papier, und rauschen wieder hinaus. Emiliano erzählt, dass Frauen wie sie oft in Parioli zu Hause sind, dem grünen und vornehmen Stadtviertel Roms, nördlich der Villa Borghese. Da leben Anwälte und Ärzte, und Schönheitschirurgen machen ein gutes Geschäft.

Wir fahren hin, wollen uns das Viertel anschauen. Auf dem Weg hält Emiliano an einem Zebrastreifen an, um eine Frau mit einem Kind über die Straße zu lassen. Sie schaut uns durch die Frontscheibe an, verständnisloses Erstaunen in ihrem Blick. Sie bewegt sich keinen Zentimeter. »Das passiert mir oft: Sie kann es nicht fassen, dass ich sie rüberlassen will. Da könnt ihr sehen, wie sehr wir es verinnerlicht haben, dass jeder nur an sich denkt.« Es nützt nichts, auch wenn wir sie aufmunternd anlächeln: Die Frau bleibt stehen. Wir fahren weiter.

Entlang der Viale Parioli ist um die Mittagszeit viel los, alle erledigen Einkäufe. Von Emilianos Taxi aus sehen wir, wie die Leute ihre Autos dafür einfach in zweiter oder dritter Reihe, mitten auf der Straße, abstellen. Parkplatzbeschaffung auf Römisch. »Aber seht

ihr? Die Carabinieri verteilen keine Tickets. Warum? Weil sie dafür bezahlt werden. Alle, die es sich leisten können, machen das so. Jeder weiß das. Und deshalb fahren auch so viele Privatautos auf der Taxispur, ohne aufgeschrieben zu werden.«

Wenn man Emiliano zuhört, bekommt man das Gefühl, das Einzige, was in Rom überhaupt funktioniert und den Alltag dieser so überfüllten Stadt am Laufen hält, ist Bestechung und Begünstigung. Neben den geschriebenen Gesetzen gibt es eben noch ein anderes Regelsystem. Es ist geprägt von alten hierarchischen Strukturen, der Stärkere gewinnt, und das ist der mit dem Geld, der von höherem Stand.

Parioli ist ein Viertel mit besonders großem kulturellen Angebot: Moderne Kunst, Theater, Konzerte – abends gehen hier alle aus. Und dann ist es voll von Polizisten, damit die Reichen und Schönen sich sicher fühlen. »In den gefährlichen Ecken Roms wartet man abends ewig auf die Polizei, wenn etwas passiert, denn die sind alle hier«, erklärt Emiliano. Aber am besten, sagt er, hat man mit der Polizei überhaupt nie etwas zu tun. Die Skepsis der Italiener gegenüber der Staatsmacht gilt für alle staatlichen Organe. »Man weiß nie: Nehmen sie einen mal eben mit aufs Revier, um die Papiere zu überprüfen, oder lassen sie einen in Ruhe.«

Als wir weiterwollen, müssen wir durch eine enge Einbahnstraße. Ein schicker Kleinwagen parkt halb auf der Fahrbahn und versperrt uns den Weg. Wir warten. Eine Minute, zwei Minuten. Dann steigt die Beifahrerin aus und gestikuliert mit den Armen, zeigt auf die andere Straßenseite, winkt. Sie sieht asiatisch aus. Jetzt erscheint gegenüber eine elegante Dame, sieht uns warten, lächelt huldvoll, steigt in ihren Wagen und braust davon. Emiliano lacht: »Typisch Parioli: Die Asiatin war die Hausdame, die im Auto wartet, bis ihre Chefin mit der Besorgung fertig ist, und wenn jemand vorbei will, Bescheid sagt. So läuft das hier.« Globalisiertes Ständewesen.

Auf dem Rückweg von Parioli fahren wir an der Tiberinsel vorbei. Emiliano wird ein bisschen nostalgisch. »Da bin ich geboren – so wie jeder echte Römer.« Traditionen pflegt man gern in der Ewigen Stadt. Das *Ospedale Fatebenefratelli* auf der Tiberinsel gilt als die Geburtsklinik der Stadt. Wir wollen uns den Innenhof anschauen, ein Atrium mit Wasserspiel und vielen Pflanzen. Eine Oase der Ruhe, das einzige Geräusch ist das Plätschern des Springbrunnens. Zufällig trifft Emiliano seinen besten Freund, Giorgio, mit dessen

Mit dem *Fatto* durch die Anarchie

Freundin Laura. Ihre Schwester hat ein Baby bekommen, die ganze Familie ist da. Die Begrüßung dauert: Küsse, Glückwünsche, Handyfotos vom Baby. Später erzählt uns Emiliano von Laura. Sie sieht aus wie ein Fotomodell und ist Busfahrerin. »Für mich ist Laura eine Heldin: Sie ist in der Gewerkschaft aktiv und kämpft beinhart und unbestechlich für ihre Kollegen.«

Die außerparlamentarische Opposition

Die wahre Opposition ist in Italien keine Partei. Die wahre Oppositionsarbeit machen Menschen wie Emiliano und Laura oder die Journalisten von *Il Fatto Quotidiano*. Weil sie nicht aufgeben, sich nicht beirren lassen, auch wenn ihnen ihr Kampf mit Worten oft aussichtslos erscheint. Und manchmal kann er sogar lebensgefährlich werden. So wie bei Roberto Saviano, über den Emiliano mit uns beim Abendessen spricht und den er für seinen Mut und seine Unbedingtheit bewundert. Der Journalist hat mehrere Jahre lang undercover für die Mafia gearbeitet und 2006 auf der Grundlage seiner Recherchen den Bestseller *Gomorra* geschrieben. Detailreich und mit konkreten Namen von Menschen und Firmen, deckt sein Buch die mafiösen Strukturen in Italien auf. Seitdem hält Saviano sich wegen massiver Morddrohungen an geheimen Orten auf und wird von Leibwächtern beschützt. Auch wenn er sagt, das sei kein Leben, will er sein Land nicht verlassen, weil das einer Niederlage gleichkäme. Stattdessen schreibt er weiter für Zeitungen, im Internet oder geht auf Lesereise. Unermüdlich und immer den Tod vor Augen. Mitten in Europa.

Die Trattoria »Alessandro Ratini«, in der wir essen, liegt an der Via Appia Antica, im Süden der Stadt. Emi-

liano kennt den Chef, Sandro. Heute Abend ist seine Frau Cristina da. Emiliano hat uns gewarnt: »Wundert euch nicht. Cristina ist eine typische Römerin, sie hat ein sehr loses Mundwerk.« Wir merken schnell, was er meint. Schon beim Betreten des Lokals knallt sie uns ein leicht aggressives »Und? Was wollt ihr?« hin. Dazu zieht sie die Augenbrauen hoch und stemmt eine Hand in die Hüfte. Während Emiliano mit ihr spricht, setzen wir uns schnell und leise hin. »Römer sind immer sauer wegen allem. Das ist eine Haltung, das ist Motzen aus Prinzip. Wir können stundenlang schimpfen, das macht uns Spaß«, erklärt er. Der Raum ist einfach eingerichtet, dazu beleuchtet wie ein Operationssaal, Toiletten sind über den Hof – egal, das Essen ist erstklassig. Aber Sandro will kein volles Lokal um jeden Preis: Sonntags, wenn die meisten Touristen auf der Via Appia unterwegs sind und an seiner Trattoria vorbeilaufen, hat Sandro seinen Ruhetag.

Bei einer Flasche Rotwein geht es um Emilianos Lieblingsjournalisten, Marco Travaglio, der täglich in *Il Fatto Quotidiano* einen bitterbösen, pointierten Leitartikel schreibt. Travaglio gilt als unabhängig und unbestechlich und ist unter Leuten wie Emiliano ein Star. Er schreibt Bücher über Berlusconi und versucht ihn nicht nur mit akribisch gesammelten Fakten zu bekämpfen, sondern auch mit Humor. Niemand macht so kluge Witze über ihn wie Travaglio. Das Publikum lacht bei seinen Lesungen Tränen, um dann fassungslos zu hören, was der Journalist aus Prozessakten gegen den Regierungschef vorträgt.

So geht es auch Lucilla, einer Freundin von Emiliano. Wir treffen sie am nächsten Tag in der Boutique, in der sie arbeitet. Gerade erst hat sie es geschafft, eine Karte für eine Lesung von Marco Travaglio zu bekommen. Das war nicht einfach, zehn Abende hintereinander war ein Theater mit mehr als 1400 Plätzen ausverkauft. *Ad personam* heißt sein neues Buch, es ist klar, um wen es geht, der Name Berlusconi muss nicht fallen.

Parallelwelt abseits von Politikverdrossenheit

»Ich rede auch mit meinen Eltern über Politik, und sie glauben mir auch. Aber: Sie sind alt. Sie haben sich arrangiert. Sie haben keine Kraft, um zu kämpfen«, sagt Emiliano. Junge Menschen sind es, die die Hoffnung noch nicht aufgegeben haben. Viele von ihnen wohnen in Garbatella, erzählt uns Emiliano, einem alternativen Viertel, architektonisch besonders durch die vielen Innenhöfe, die ineinander übergehen. Wer hier lebt, will anders sein. Die Adresse als politisches Statement. Eine Parallelwelt abseits von Politikverdrossenheit und Gleichgültigkeit.

Es sind Menschen wie Lucilla, die die Berieselung des Fernsehens nicht mehr ertragen können, die es für einen unhaltbaren Interessenkonflikt halten, dass ein Regierungschef fast den gesamten Medienmarkt kontrolliert. Denen die Skandale der Politiker und Bankenchefs noch immer nicht gleichgültig sind. Sie kaufen *Il Fatto Quotidiano* und die Bücher von Marco Travaglio, sie lesen im Internet den Blog vom berühmten Kabarettisten Beppe Grillo oder sehen die abgesetzte Politsendung *Annozero*. Die Boutique, in der Lucilla arbeitet, ist in Testaccio. Der Monte Testaccio, ein Hügel aus antiken Scherben, der entstand, weil die Römer über Jahrhunderte hinweg ihre kaputten Amphoren dort abluden, gibt dem Viertel seinen Namen. Früher war hier der Schlachthof von Rom. Seit er geschlossen ist, haben sich auf dem Gelände viele Clubs und Bars angesiedelt. Abends treffen sich Emiliano und seine Freunde hier. Der Markt von Testaccio ist der beste der Stadt, sagt er. »Alle römischen Hausfrauen kaufen hier ein, auch meine Mutter kommt noch fast täglich her.« Sie stammt aus dem Viertel, und deshalb trifft Emiliano bei einem Bummel über den Markt noch heute Bekannte aus seiner Kindheit: Der Schlachter zeigt uns strahlend seine Ware im Kühlhaus, ein abgezogener Schafskopf ist sein größter Stolz. Emiliano liebt Testaccio. Nicht nur, weil er hier Kind war, sondern weil hier Rom noch ein Dorf ist: Man kennt sich, man grüßt sich, man hilft sich.

Es ist Mittagszeit, und wir essen im »Felice«, um die Ecke. Einen Tisch zu bekommen, ist für Touristen nicht einfach, so beliebt ist das Restaurant. Aber für Emiliano kein Problem: »Jetzt lebt Felice nicht mehr, aber mein Vater war mit ihm befreundet, ich war schon als Kind oft hier. Damals war es noch nicht so bekannt, heute kommt auch öfter Roberto Benigni her, der wohnt in der Nähe.« Wir essen das typisch römische Gericht, für das das Restaurant berühmt ist: *Tonnarelli cacio e pepe*, lange, dicke Nudeln mit Käse und frischem Pfeffer. Die Kellnerin mischt das Gericht am Tisch vor den Augen der Gäste minutenlang mit zwei Gabeln, bis sich alles auf dem Teller zu einer Masse vermengt hat – einfach, herzhaft, köstlich. »Roberto Benigni gehört übrigens auch zu denen, die schon lange nicht mehr im Fernsehen auftreten dürfen. Er hat Berlusconi zu oft auf die Schippe genommen.«

»Roberto Benigni darf schon lange nicht mehr im Fernsehen auftreten«

Und doch kann man Benigni sehen: An einem Abend im März übertrug die außerparlamentarische Opposition aus einem ausverkauften Stadion in Bologna einen Internet-Livestream auf 200 Großleinwände in ganz Italien – an allen Fernsehsendern vorbei. Gesendet wurde eine Politik-Talkshow, in der alle zu Wort kamen, denen Berlusconi das Wort verbieten will: Benigni machte Späße über Berlusconi, Marco Travaglio trug abgeklärt sein gesammeltes Wissen vor, und Millionen auf den Plätzen und an den Computern schauten zu.

Sie verstecken sich nicht, die Anführer der Internet-Partisanen. Sie machen weiter. Und mit ihnen ihre Anhänger, denen solche Auftritte Kraft geben für den alltäglichen Widerstand. Sie brauchen ihre Helden, um sich an ihnen immer wieder aufzurichten inmitten der gelebten Anarchie.

Einmal stand Emiliano am Flughafen und wartete auf einen Fahrgast. Die Tür ging auf, ein Mann stieg ein. Es war Marco Travaglio, ausgerechnet, der Journalist, den er so verehrt, dessen Artikel er täglich liest, der seinem Denken eine Sprache gibt. Tausend Fragen hatte Emiliano. Doch ausnahmsweise, als würde ihm die Stadt einen Streich spielen wollen: freie Fahrt, kein Stau, keine Baustelle. In 15 Minuten waren sie da. **c**

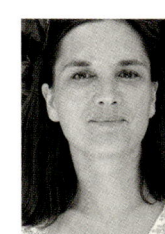

LYDIA GLESS,
geboren 1969, lebt als freie
Journalistin in Hamburg.

Guido Reni, *Christus am Kreuz*, 1639

Nah ist und schwer zu fassen der Gott – selbst in Rom

꙰ NAVID KERMANI ꙰

*geht durch Roms Kirchen, holt Hölderlin aus dem Rucksack
und trifft den Jesus von Guido Reni und den von Michelangelo*

Einige Sekunden genieße ich die Illusion, der alte Herr habe die meterhohen elektrischen Kerzen für mich eingeschaltet, damit ich besser sehe. Dann bemerke ich die drei Gläubigen, die auf den Kirchbänken jenseits des Mittelgangs zum Gottesdienst versammelt sind. Nach den Gebetsbüchern bemessen, die der junge Priester auslegt, sind nicht viel mehr Besucher zu erwarten. Zum Scherz schlägt er dem alten Herrn, dessen Anzug zu groß und dessen Kragen zu weit geworden ist, mit einem eingerollten Karton auf den Kopf. Natürlich schauen sie zu mir, der ich auf dem Laptop tippe. Eigentlich wollte ich zur Kirche Sant'Agostino, die Heilige Ursula mit der Madonna der Pilger zu vergleichen, aber dann stieg ich genau vor San Lorenzo in Lucina aus dem Bus, der mir zum ersten Mal in Rom nicht vor der Nase weg gefahren war, so glücklich hatte

der Tag bereits begonnen. Wie ich mich auf der Karte orientierte, empfahl
mir der Kunstreiseführer einen Blick auf die *Kreuzigung* von Guido Reni,
die eines seiner Meisterwerke sei. Ich konnte mich an kein anderes Meisterwerk Renis erinnern, assoziierte nur Andachtskarten, Amen, Antipode
Caravaggios, aber dankbarer bin ich dem Kunstreiseführer selten gewesen. Auf dem Foto im Kunstreiseführer hat das Gemälde etwas von einem
Andachtsbild, wie es die Zigeuner vor den Kirchen für 50 Cent verkaufen;
als gewaltige Leinwand auf dem Hochaltar der Barockkirche, wo schwarz-
goldene Säulen, ein roter Theatervorhang, mollige Engel, ein Blumenge-
binde aus Plastik und die meterhohen elektrischen Kerzen den Kitsch so
sehr steigern, dass unschön wie in allen Räuschen sein Wahrheitsmoment
kenntlich wird, ist Renis *Kreuzigung* ein Aufruhr, gerade indem es der ab-
geschmackten Verklärung des Schmerzes widerspricht. Gewiss stößt mir
die Lust, die katholische Darstellungen seit der Renaissance an Jesu Leiden haben, auch deshalb so auf, weil ich sie von der Schia kenne und
nicht kenne. Ich kenne sie, weil das Martyrium dort genauso exzessiv bis
hin zum Pornographischen zelebriert wird, und ich kenne sie nicht, weil
genau dieser Aspekt der Schia in Großvaters Glauben, der mehr als jeder
andere Bezugspunkt meine eigene religiöse Erziehung bestimmt hat, wie
ich bei der Lektüre seiner Memoiren feststelle, keine Rolle spielte, ja als
Volks- und Aberglauben abgelehnt wurde, der die Menschen davon ab-
bringe, die Welt zu verbessern, statt nur ihren Zustand zu beklagen. Reni
verklärt nicht den Schmerz, den er nicht zeigt. Ihm gelingt, was andere
Kreuzigungsbilder behaupten: Er überführt das Leiden aus dem Körper-
lichen ins Metaphysische. Sein Jesus hat keine Wunden, keine Abzeichen
der Striemen und Hiebe, ist schlank, aber nicht abgemagert. Selbst wo
seine Hände und Füße ans Kreuz genagelt sind, fließt kein Blut. Wären
die Nägel nicht, es sähe aus, als breitete er die Hände zum Gebet aus. Er
blickt in den Himmel, die Iris aus dem Weiß der Pupille beinah ver-
schwunden: Schau her, scheint er zu rufen. Nicht nur: Schau auf mich,
sondern: Schau auf die Erde, schau auf uns. Jesus leidet nicht, wie es die
christliche Ideologie will, um Gott zu entlasten, Jesus klagt an: Nicht,
warum hast du mich, nein, warum hast du uns verlassen?

»Doch furchtbar ist, wie da und dort / Unendlich hin zerstreut das Leben-
de Gott.«

Die Landschaft ist christianisiert, so dass nicht die Menschen geschieden sind in Tätervolk und Opfervolk wie im Evangelium, sondern Himmel und Erde, Gott und die Menschen. Der Totenkopf am Kreuz deutet darauf hin, dass hier schon andere gestorben sind; die zeitgenössisch gekleideten Spaziergänger in verdüsterter italienischer Landschaft geben zu verstehen, dass auch jetzt gestorben wird; die Häuser im Hintergrund mit der Kuppel, die der Petersdom sein könnte, weisen auf die Stadt, aus welcher der Gekreuzigte zu stammen scheint. Dieser Jesus ist nicht mehr Sohn Gottes und kein Halbgott wie für Hölderlin. Gerade weil sein Schmerz kein körperlicher ist, nicht Folge denkbar schlimmster, also ungewöhnlicher, unmenschlicher Folterungen, stirbt dieser Jesus stellvertretend für die Menschen, für alle Menschen, ist er jeder Tote, jederzeit, an jedem Ort. Sein Blick ist der letzte vor der Wiederauferstehung, auf die er nicht zu hoffen scheint. »Wenn aber stirbt alsdenn, / An dem am meisten / Die Schönheit hing«, heißt es bei Hölderlin, dessen *Schönste Gedichte* ich aus dem Rucksack hole, weil ich nicht mehr als die zwei berühmten Zeilen über den furchtbaren Gott auswendig beherrsche,

»daß an der Gestalt / Ein Wunder war und die Himmlischen gedeutet / Auf ihn, und wenn, ein Rätsel ewig füreinander, / Sie sich nicht fassen können / Einander, die zusammenlebten / Im Gedächtnis, und nicht den Sand nur oder / Die Weiden es hinwegnimmt und die Tempel / Ergreift, wenn die Ehre / Des Halbgotts und der Seinen / Verweht und selber sein Angesicht / Der Höchste wendet / Darob, daß nirgend ein / Unsterbliches mehr am Himmel zu sehn ist oder / Auf grüner Erde, was ist dies?«

Es ist dies eine Rede an den toten Christus ans Grab hinauf, dass kein Gott sei, und das Motiv, in dem sich die Antipoden kurz begegnen, Reni und Caravaggio, die an Gott der Mensch interessiert, und Hölderlin und Jean Paul, die den Menschen von Gott verlassen sehen. Allerdings stöhnt Hölderlin bereits mit der nächsten Strophe bejahend auf, wie ja auch Jean Paul die Vision des leeren Himmels sogleich als Albtraum entschuldigt und als Blumenstück verniedlicht, aber das Merkwürdige ist, dass man dem untergehenden Hölderlin die Theodizee abnimmt –

»Und nicht ein Übel ists, wenn einiges / Verloren gehet und der Rede / Verhallet der lebendige Laut«

–, während in Jean Pauls besten Jahren die Anklage das Idyllische enttarnt. Die Messe beginnt gleich, ich schalte den Laptop besser aus und packe ihn mitsamt des Kunstreiseführers und Hölderlins Gedichten in den Rucksack. Die drei Gläubigen jenseits des Mittelgangs halten mich ohnehin schon für bekloppt oder für einen besonders fleißigen Seminaristen, der sich um seine Mindestqualifikation bemüht.

Die Wolken sind noch immer in den Baumwipfeln verharkt, so dass ich gar nicht in den Himmel schauen könnte wie Renis Figuren. In Matthäus 26,28 fordert Jesus die Jünger auf, das Brot zu essen, denn es ist sein Leib, und den Wein zu trinken, denn es ist das Blut des Bundes, »welches vergossen wird für viele zur Vergebung der Sünden«. Christi Tod entsühnt eine Welt, auf der Gottes Zorn liegt. Auch Hölderlin erwähnt den Zorn, wenn er vom Abendmahl spricht, doch ist es bei ihm die Welt selbst, die zürnt, und Christus erlöst nicht, sondern »erheitert«, besänftigt die Welt und macht sie fröhlich:

»Denn alles ist gut. Drauf starb er. Vieles wäre / Zu sagen davon. Und es sahn ihn, wie er siegend blickte / Den Freudigsten die Freunde noch zuletzt.«

Wenn ich Jesus in Rom mit Hölderlin in Beziehung setzen wollte, der den Messias in die Reihe der griechischen Göttersöhne Herakles und Dionysos stellt, hätte ich nicht Renis *Kreuzigung* zurechtbiegen dürfen, die für eine literarische oder religiöse Offenbarung ohnehin nicht taugt. Ebenso wenig nützte es, Caravaggios *Geißelung* oder *Grablegung* zu betrachten, obwohl sie auch bei Tageslicht noch ergreifen. Ich hätte mich mit dem Laptop vor Michelangelos Statue in Santa Maria sopra Minerva setzen müssen, die so frech ist, dass die Nachwelt den Penis des Messias mit einem güldenen Lappen bedeckte: Jesus muskelbepackt wie ein antiker Heroe, in den Händen ein Pfahl, dessen Querbalken zu kurz ist, um daran mit ausgebreiteten Armen zu krepieren, aber lang und mächtig genug, um

Michelangelo,
Auferstandener Christus, 1518

Mauern und Tore zu zertrümmern, Jesus als Sieger über den Tod und das Kreuz als seine Waffe:

»Wenn nämlich höher gehet himmlischer / Triumphgang, wird genennet, der Sonne gleich / Von Starken der frohlockende Sohn des Höchsten, // Ein Losungszeichen, und hier ist der Stab / Des Gesangs, niederwinkend, / Denn nichts ist gemein. Die Toten wecket / Er auf.«

Leider lernte ich Michelangelos *Auferstandenen Christus* mit dem Kreuz schon viel früher im Jahr kennen, als ich noch nicht mit Hölderlins Gedichten durch Rom lief und überhaupt ganz anderer Stimmung war, mit Jean Paul und jedes Mal mit Familie oder Gästen, wenn ich mich recht entsinne, da der Kunstreiseführer Santa Maria sopra Minerva mit Sternchen versehen hat und sie praktischerweise gleich neben dem Pantheon liegt, so dass ich sie in jede Besichtigungstour mit Besuchern einbaue, zumal der Obelisk auf Berninis Elefanten auch Kinder amüsiert. »Denn noch lebet Christus«, hat Hölderlin mir daher an unpassender Stelle erklärt. Gewiss hätte ich alle Freiheit des Schriftstellers, nachträglich den Anschein einer Notwendigkeit zu wecken, indem ich die Lektüre des *Patmos* in Santa Maria sopra Minerva verlege, die allerdings wegen des Sternchens, des Obelisken auf Berninis Elefanten und der Nähe zum Pantheon immer so voll von Touristen ist, dass der Absatz dann aus anderen Gründen nicht mehr stimmen würde. Es stimmt nie oder im besten Fall bei Hölderlin, dass alles ineinandergreift, wie er Heiligabend 1798 an Sinclair schrieb: »Resultat des Subjectiven und Objectiven, des Einzelnen und Ganzen, ist jedes Zeugniß und Product, und eben weil im Product der Antheil, den das Einzelne am Producte hat, niemals völlig unterschieden werden kann vom Antheil, den das Ganze daran hat, so ist daraus klar, wie innig jedes Einzelne mit dem Ganzen zusammenhängt und wie sie beede nur Ein lebendiges Ganze ausmachen.« Könnte ein Ort überhaupt passend sein zu hören, zu sehen oder zu lesen, dass Christus noch lebt?

In San Lorenzo in Lucina blieb ich, nachdem ich Laptop, Kunstreiseführer und Hölderlin im Rucksack verstaut hatte, gemeinsam mit den drei Gläubigen jenseits des Mittelgangs stumm und erwartungsvoll sitzen, wie

Großvater im kleinen Frankfurter Gerichtssaal, der in Siegen gewesen sein muss. Nichts geschah, auch das Altarbild interessierte mich nicht weiter. Im Laufe der nächsten halben Stunde setzten sich fünf weitere Gläubige auf die Bänke, auf denen auch der alte Herr und der junge Priester Platz nahmen. Von Zeit zu Zeit standen die beiden auf, verschwanden in der Seitenbühne und kehrten wieder, ohne eine Andeutung zu machen, was sie besorgt hatten. Ich sah nur, dass der junge Priester weiter flüsternd Scherze mit dem alten Herrn trieb, der darüber nicht lachte, aber es sich doch gern gefallen zu lassen schien. Weil wir nicht in Siegen waren, schwatzten schließlich auch die anderen Gläubigen, als träfen sie sich jeden Tag. Ich ging nach draußen, um mich zu erkundigen, wann die Messe endlich beginnt. Um 19 Uhr, las ich auf einer Tafel, in anderthalb Stunden erst. Ich verstehe das Dilemma und hülfe gern mit meiner Anwesenheit: So unerhört viele Kirchen stehen in Rom, jede ein eigener Charakter, die Königin, die Diva, das Mäuschen, die Neureiche, die Protzige, das Mannequin, die Ätherische, die Schwindsüchtige, die schlichte und die barocke Schönheit, dass sich die Gläubigen werktags verteilen müssen, damit alle zu ihrem Recht kommen. Die Nationalkirchen haben es einfacher, weil sie zugleich Gemeinderaum der Deutschen, Franzosen, Amerikaner, Koreaner oder Äthiopier sind und Fernreisen für den Besucher, der mitten in der Altstadt in eine fremde Sprache, zwischen fremde Menschen tritt. Für die Römer bleiben mehr als genug. Als Rom zwanzigmal so klein war und genauso viele Kirchen hatte, müssen sich alle Bänke noch gefüllt haben, an jeder Ecke des Zentrums fast eine Tausendschaft, die sonntags Gottes gedachte. Mit Mühe zwar, scheint es im Europa des Jahres 2008 noch immer zu gelingen, alle Messen zu lesen. Selbst Schüler, die in der Stadt bummeln, helfen aus, schnatternde Mädchen, Gigolos in der Ausbildung, Geschäftsleute zwischen zwei Meetings und Bettler, die ihnen folgen, um sich nach dem Gottesdienst am Ausgang zu postieren. Ich habe mich in Kirchen immer wohlgefühlt, selbst mit Laptop: Niemals waren Blicke skeptisch, obwohl ich mich nicht bekreuzige, nicht die Knie beuge oder zum Abendmahl vor den Priester trete; auch der Auftrag zur Mission, an dem ich mich außerhalb der Kirche rieb, schien in der Kirche nicht mehr mich zu meinen. In Moscheen wird der Andersgläubige bestenfalls in Ruhe gelassen, in Synagogen ihm ungefragt guter Wille attestiert. Ich habe keine Ahnung, was es ist, dass selbst die Deutschen den Fremden freundlich betrachten, sobald sie in der Messe sitzen. Großvater wird das Gleiche gespürt haben, sonst hätte er 1963 auf seiner Europareise den Gebetsteppich nicht am liebsten in Kirchen ausgebreitet, wie mein Vater mir am Telefon noch einmal bestätigte. Vor 45 Jahren wurde auch in französischen, schweizerischen und deutschen Städten vermutlich noch in allen Gotteshäusern morgens, mittags und abends ein Gottesdienst gefeiert, an dem mindestens drei, vier Gläubige teilnahmen, als würde eine unsichtbare Betriebsleitung ihre Verteilung organisieren. Großvater kann Europa nicht als gottlos wahrgenommen haben, im Gegenteil: Verspottet wurde er 1963 im Iran, weil er täglich in die Moschee ging.

Da meine Blase zu sehr drückte, um bis zur Messe durchzuhalten, kaufte ich mir für 50 Cent eine Postkarte, nein, genau gesagt, kaufte ich mir zwei Postkarten, eine vom gesamten Altar, eine nur von Renis *Kreuzigung*, doch um den Altar betrog mich der Automat, was nicht mich, sondern den Zigeuner an der Tür 50 Cent kostete, die ich nicht in den Kaffeebecher warf, und ging selbst einen Cappuccino trinken, um neben keine Kirchenwand pinkeln zu müssen. Da sich nun in San Lorenzo in Lucina genügend Gläubige in Christi Namen versammelt hatten, stieg ich lieber die Spanische Treppe zur Santissima Trinità dei Monti hoch, wo die Abendmesse eine Stunde früher beginnt und dafür eine Stunde länger dauert. Wie sich bei den Schiiten jeder Gläubige selbständig den Ajatollah auswählen muss, dessen Lehren er befolgt, so habe ich mich in Rom für die Santissima Trinità dei Monti entschieden, um, wenn nicht ihre Lehren, wenigstens ihre Riten nachzuahmen. Die französischen Brüder und Schwestern mögen Neuerer sein, wie der deutsche Freund in Rom bemängelte, indem sie auf dem Boden knien, lange meditieren, noch länger als in der Kirche üblich singen und im Gebet wie Muslime abwechselnd sich demütig niederwerfen, entschlossen aufstehen, Zuflucht suchend zum Himmel schauen und selbstbewusst die Arme ausbreiten; aber den Geist, den man dem frühen Christentum als einer Bewegung egalitärer, gewaltfreier Asketen zuschreibt, einer verfolgten Minderheit, habe ich nirgends in Rom, nein, in keinem anderen Gottesdienst, den ich je besuchte, stärker gespürt, real gespürt als eine Luft, die sich auf mich, auf alle acht Menschen legte, die hinter den Brüdern und Schwestern versammelt waren.

Allerdings nicht mehr: keine Erleuchtung, keine Bekehrung, nicht einmal Läuterung, nur Friede, der nach den zwei Stunden noch ein wenig anhielt.

إِذْ جَعَلَ ٱلَّذِينَ كَفَرُواْ فِى قُلُوبِهِمُ ٱلْحَمِيَّةَ حَمِيَّةَ

ٱلْجَٰهِلِيَّةِ فَأَنزَلَ ٱللَّهُ سَكِينَتَهُۥ عَلَىٰ رَسُولِهِۦ وَعَلَى ٱلْمُؤْمِنِينَ

وَأَلْزَمَهُمْ كَلِمَةَ ٱلتَّقْوَىٰ

»Wie da die Leugner fasseten / In ihre Herzen trotzigen Stolz, / Den trotzigen Stolz der Unwissenheit; / Gott aber sandte seinen Frieden / Auf seinen Abgesandten und die Gläubigen, / Und ließ sie halten fest das Wort der Gottesfurcht.« (Sure 48:26)

Was hier als Friede übersetzt ist, ist im Arabischen das Wort *sakina* und der arabische Name, den Großvater gegen Großmutters Willen meiner Mutter in die Geburtsurkunde schreiben ließ. Wo im Christentum Er mitten unter denen ist, die sich in Seinem Namen versammeln, senkt sich im Islam die *sakina* herab, wann immer der Koran rezitiert wird, und es gesellen sich dazu die Engel. Bei den Brüdern und Schwestern der Gemeinschaft von Jerusalem, wie sie sich nennen, ist die Hierarchie, die mich am Katholizismus beinah am meisten stört, auf das Pragmatischste zurückgeführt; nur für die Eucharistie tritt der Priester hinter den Altar, hernach er sich vor seinen Brüdern und Schwestern verbeugt, auf die sich alle anderen Aufgaben verteilen, jeder nach seinen Fähigkeiten, wer die ersten Stimmen singt, wer aus dem Buch rezitiert, wer die Predigt hält, wer die Kerzen anzündet, wer das Brot und den Wein verteilt, den Leib und das Blut Christi. Das Prinzip schiitischer Moscheen, in welchen für den Vorbeter im Boden eine Vertiefung eingelassen ist, oft symbolisch, manchmal so tief, dass der Ärmste mit einer kleiner Leiter hinabsteigen muss wie in sein eigenes Grab, hätte ich den Brüdern und Schwestern nicht zu erklären gebraucht. Kein Mensch über uns, nur Gott. Auch sitzen in den traditionellen schiitischen Moscheen Männer und Frauen ebenfalls in getrennten Bereichen, doch nebeneinander im gleichen Raum. In der Santissima Trinità dei Monti werden überdies die Gläubigen einbezogen, die acht, die wir waren, gleichwohl ich keiner bin. Während der Priester sich die violette Stola überzog, eilte eine Schwester zu den Kirchenbänken und bat zwei von uns, das Brot und den Wein nach vorn zu tragen und ihm zu überreichen. Erhört wurde mein Stoßgebet, dass sie nicht mich bittet. Unbußfertig genossen, gleichsam wie ein Meineid, gibt das Abendmahl »statt des Himmels eine Hölle«, mit welcher Formulierung sich Jean Paul in der *Selberlebensbeschreibung* »die schreckliche, bloß dieser Religionshandlung eigentümliche Bedingung glühend vor die Seele« hält. Dass der Erlöser, der in einen unreinen Sünder einzieht, »die seligmachende Kraft seiner persönlichen Gegenwart in eine vergiftende verwandeln müsse«, war ich für den Augenblick bereit zu glauben. Die Lateinische Messe, zu der mich der deutsche Freund in Rom führte, hat mich als semiotisches Ereignis von äußerster Komplexität beeindruckt, aber blieb doch ein Konzept, das nach der mehr als vierzigjährigen Unterbrechung noch nicht wieder in die Motorik eingegangen ist, nicht einmal in die der Priester selbst. Ein junger Theologe musste ihnen gleich einem Impresario sagen, welche Geste, welcher Gang und welches Wort an der Reihe waren, wann sie zu sitzen, wann sie zu stehen hatten, wann sie sich vor dem Altar und wann sie sich voreinander verbeugen mussten. An dem Gelingen änderte der Akt der Anweisung nichts, da es um den Dienst an Gott geht, nicht um unsere Gefühle, um die Handlung, nicht um Psychologie. Deshalb können sich die Gläubigen und selbst die Priester während der Messe unterhalten, fotografieren, deshalb braucht der Impresario nichts zu verbergen. Was nicht geschehen darf, ist eine falsche Geste, ein falscher Gang, ein falsches Wort. Die Hierarchie ist streng funktionalisiert, zwar durch Blicke abgemildert, doch bis in solche Nuancen durchgehalten, dass es manchmal schon komisch wird, etwa wenn der Rang des zweiten und dritten Priesters daran zu erkennen ist, mit welchem Blick sie die Stola des ersten tragen, mit leichtem Widerwillen oder großer Beflissenheit. Auch die Umarmung zum Schluss ist nur ein Zeichen, ein sehr schönes wenngleich, sehr vornehm, und getrennt nach Sphären: Die Würdenträger deuten an, sich zu umarmen, indem sie die Köpfe nebeneinanderführen; die Gläubigen tun es ihnen nach. Ganz anders müssen meine Augen geleuchtet haben, als die Brüder und sieben Schwestern ins Schiff der Santissima

Trinità dei Monti ausschwärmten, an die Kirchenbänke traten, den sieben Gläubigen und mir beide Hände fest drückten, jeden von uns liebevoll anlächelten und uns lange in die Augen schauten. Jeder in der Kirche hatte gesehen, dass ich nicht zum Altar getreten war, weil mir nur Brot und Wein gereicht worden wäre. »Der Erde Frucht« nennt Hölderlin, den ich zum Ende des Tages, der an der Bushaltestelle bereits so glücklich begonnen hatte, noch an passender Stelle las, während ein Bruder und eine Schwester den Altar abräumten und anschließend drei weiße Leinendecken darüber ausbreiteten – nein, ich sei ein Gast und möge sitzen bleiben, solange ich wolle –, »Der Erde Frucht« nennt Hölderlin das Brot, das die anderen gegessen hatten,

»doch ists vom Lichte gesegnet, / Und vom donnernden Gott kommt die Freude des Weins«.

Die beiden Gaben hat der himmlische Chor den Menschen »zum Zeichen« zurückgelassen, seit die Götter weit weg, nur »über dem Haupt droben in anderer Welt« leben und der Himmel sich verdunkelt hat:

»Endlos wirken sie da und scheinens wenig zu achten, / Ob wir leben.«

Die Brüder und Schwestern lassen dennoch keine Kniebeuge aus. ç

NAVID KERMANI,
geboren 1967, besitzt einen deutschen und einen iranischen Pass. Er ist Muslim, habilitierter Orientalist und lebt als freier Schriftsteller in Köln. 2008 war er Stipendiat der Villa Massimo in Rom. 2010 hielt Navid Kermani die Frankfurter Poetikvorlesungen unter dem Titel: *Über den Zufall – Jean Paul, Hölderlin und der Roman, den ich schreibe.* Der vorliegende Text ist ein Auszug aus diesem Roman, der voraussichtlich 2011 im Hanser Verlag erscheint.

Angelicum, Päpstliche Universität, Tür des Auditoriums

JOSEPH BRODSKY, *Römische Elegien, VII*

In diesen schmalen Gassen, wo man auch mit Gedanken

überall aneckt; in diesem Serpentinen-

bündel eines von der Welt längst abgewandten

Hirns, wo man, aufgeregt und abgespannt, die vielen

Kirchen, die Brunnen heimsucht – da gibt es kein Halten

(wie bei der Nadel, die über die Schallplatte humpelt

und in der Mitte vergißt: es ist Schluß). Der ungestalte

Rest des Lebens wird hier erträglich, man wundert

sich, daß Vergangenes zu einem Ganzen

werden, sich vollenden kann. Die Sohlen

trommeln Arien aus dem Pflaster, sie tanzen

Serenaden – die Zeit stimmt ihre frohen

Lieder auf die Zukunft an. Das alles

kommt dem Hündchen auf dem Plattenlabel

wie ein Auftritt von Caruso vor, falls es

nicht schon weggelaufen ist – ins Leben.

IM ROM-ZEIT-KONTINUUM

⸮ JOACHIM OTTE ⸮

sucht piazzetene Intimität und streichelt antike Splitter –
Auszüge aus einem Sechstagebuch

Damals bin ich vor allem von den Plätzen beeindruckt gewesen, besonders von den *piazzette*, den Plätzchen sozusagen, organisch-geometrischen Ausstülpungen der Gassen, in ihrer Mitte ein Brunnen, an ihrer Stirn eine Kirche, verlassen in der Mittagshitze, der ideale Ort für ein Picknick, in Roms Lungenbläschen, in seiner zweiten Natur.

Auch jetzt, zwanzig Jahre später, bei meinem zweiten Rom-Besuch, dachte ich an die Formvielfalt der Plätze, an ihre Oberschicht, danach an die Aristokratie, an die Piazza Navona zum Beispiel, welche mir damals zu riesig war, um mich die piazzettene Intimität fühlen zu lassen, aber doch eine ästhetische Prägung hinterließ, deren Fugen bis heute still schimmerten. Diese Erinnerungsspur wollte ich wieder aufnehmen und zu ihrem Ursprung verfolgen: In ihr lag ein ebenso unklares wie unerfülltes Versprechen. Ich hoffte, dass der Platz, wäre ich nur früh genug da, vor der Invasion, auf seine Weise jene Intimität für mich bereithielte – und dass diese, im Verein mit Navonas Weite und Grandezza, zu einem neuen, einzigartigen Gefühl des In-der-Stadt-Seins führte.

Es war Frühling, es war frisch und sonnig, ich betrat den Platz. Viel größer hatte ich ihn in Erinnerung, viel weißer, als einen einzigen Berninibrunnenrausch auf Marmorteppich. Jetzt stand ich auf Kopfsteinpflaster… Die Erinnerung, so schien es, hatte sich in ganz und gar ortsfremde, phantasmatische Regionen hineingeschwelt. Freilich war ich nicht im mindesten enttäuscht. Der Platz war eine graziöse Ungeheuerlichkeit. Daran vermochten weder die hässlich-weiße Umzäunung des Vier-Ströme-Brunnens noch die piependen, blinkenden, emsig in der Gegend herumrangierenden Mülllästerchen etwas zu ändern.

Allerdings war ich etwas zu spät gekommen. Noch war der Platz relativ leer, doch schon fotografierten mehr und mehr Leute sinnlos herum; teilnahmslos wirkten sie dabei, wie müde Soldaten, die die Befehle von oben längst nicht mehr hinterfragten und einfach abdrückten. Ich setzte mich vor ein noch leeres, im noch ziemlich kühlen Schatten liegendes Café, bestellte Cappuccino & Cornetto und schaute.

Während ich dem Platz Zeit ließ, sich an sein Versprechen zu erinnern, und Römer, Touristen sowie das gelegentliche Mülllästerchen an mir vorüberzogen, fand ich mich treibend und stationär, hinein- und herausschauend zugleich: Ich flanierte im Sitzen. Alfred Polgar beschrieb das Wiener »Café Central« als »Weltanschauung« und seine »Bewohner« als »Menschen, die allein sein wollen, dazu aber Gesellschaft brauchen«. Das gilt auch für den Flaneur. Was dem Polgarschen Typus das »Café Central«, ist dem Flaneur von Walter Benjamin die Stadt Paris: »Sie umschließt ihn als Stube.« Die Pariser Passagen sind für Benjamin der »Salon« der Stadt-Wohnung; in ihnen fällt das Außen ins Innere, das sich wieder als Passage entäußert. Ich habe oft gehört, dass die Plätze der Römer deren »Wohnzimmer« seien, aber diese kumpelhafte Assoziation führt nicht weit genug. Die schönsten Plätze Roms haben keine vier Wände, aber sie sind an vier Seiten begrenzt und nach oben unendlich. Ich sitze open air, aber fühle mich unsichtbar überdacht. Ich sitze weder in einem Außen- noch in einem Innenraum. Ich bin kein Bewohner der Außenstelle des »Café Central« noch ein Benjaminscher Passagier. Ich fühle mich ganz anders und den beiden doch eng verwandt. Ich fühle ein Wien-Paris-Rom-Dreieck; denken kann ich es noch nicht. Ich fühle mich wohl. Das Versprechen hatte sich erfüllt, indem es zum Rätsel wurde.

Es gab keine Gelegenheit mehr zur Arbeit an der Dreicksbeziehung, weil jetzt Tut-ench-Amun ankam; dergestalt, dass zehn Meter vor mir ein dicklicher, mittelalter Mann in biederer Strickweste seine Baseballkappe abnahm, sich in eine goldene Feuerschutzfolie hüllte, die Königsmaske aufsetzte und eine halbe Stunde lang regungslos stehend auf einem Podest verharrte, vor dem ein irgendwie antiklimaktischer Blechteller zum Auffangen der Anerkennungseuros lag. Die Event-Mumie störte mich nicht weiter, darin dem Saxophonspieler unähnlich, der extrem nah und unglaublich laut »Bésame mucho« zu tröten begann. Er war aus dem Nichts aufgetaucht und spielte auch so. Mag sein, dass das Lied in der Bielefelder Fußgängerzone, bei einigen wenigen Bielefeldern, ein diffuses Verlangen nach einem Sehnsuchtsort mit »Flair« erzeugt. Einen solchen Ort wirklich zu erreichen und dort wieder »Bésame mucho« zu hören, ist perfider Verrat. Weil es ja wieder an Bielefeld denken lässt. Bésamemuchosaxophongekrähe auf der halbleeren Piazza Navona zu hören, ist, als beiße man auf das in den Salat geratene Stück Plastikfolie. Es ist die schmerzhafte Erinnerung daran, dass der Sehnsuchtsort keine Adresse hat. »Das Paradies ist verriegelt«, sagt Kleist, »wir müssen die Reise um die Welt machen, und sehen, ob es vielleicht von hinten irgendwo wieder offen ist.« Es wurde Zeit zu gehen. Mehr und mehr Touristen entriegelten das Paradies, das die Piazza Navona, ohne sie, wahrscheinlich sein konnte.

Aber gut, ich war, irgendwie, einer von ihnen, und ich entschuldige mich bei der Stadt Bielefeld.

◇ Als ich wenig später Santa Maria sopra Minerva betrat, geschahen drei wundervolle Dinge. Durch Mittagshelle, Trubel und Lärm hatte ich mich in die Kirche hineinmäandert, schlagartig war es still und leer und schön. Da war die Michelangelo zugeschriebene Statue eines vollbärtigen muskulösen Griechen, es war ein lässiger Held, der Jesus hieß und sein Kreuz so trug, als wäre es das abgeschlagene Haupt der Medusa. Das dritte Glück war, in der Mitte der Kirche wie auf einem Platz zu stehen, überwölbt von einem dunkelblauen Sternenhimmel. Heilige tummelten sich dort, aber die schönsten Wölbungen waren nur blau, nur voller Sterne. Unverhofft begann die Spur der Plätze wieder zu schimmern, blau-golden. So wie Roms Plätze den Himmel zur Decke machen, macht diese Kirche ihre Decke zum Himmel. Eine magische, lapislazulichte Nacht leuchtete herab. Et lux aeterna luceat eis, den Gläubigen, den Weltanschauern, den Bewohnern der Plätze der ewigen Stadt.

◇ Um Punkt eins und ein paar Meter weiter senkten die Massen, um einen Raum betreten zu können, geblendet, stöhnend, vielsprachige Interjektionen der Überraschung von sich gebend, den Blick. Eine gleißende, jede Sonnenbrille mühelos durchdringende, fast materielle Lichtgarbe schoss wie ein Laser von innen durch das Tor. Das Pantheon ist eine so völlig andere Version von Santa Maria sopra Minerva. Auch dies eine vom Himmel beherrschte Kirche, aber ihr Zentrum ein Loch, um das eine Halbkugel gebaut wurde. Das Auge Gottes. Ein raumgewordener Lichteffekt. Eine Kuppel, die wie eine unterirdische Halle wirkt, damit das Überirdische angemessen schockt. Big Brother is watching you. Meine Pupille ist die Sonne, ich lasse dich sehen, aber schau mir nicht in die Augen, Kleiner.

◇ »Straßen sind die Wohnung des Kollektivs«, in Ordnung, Benjamin, aber was ist Roms Altstadt in der

Woche nach Ostern? Die WG-Party? Es ist zu voll hier! Einfach mal in die kleine Nebengasse da. Oh … Hier ist … niemand. Hier ist kein Laut. Hier ist das Bergdorf. Hier sind Wäscheleinen. Hier ist Pastellfarbenidylle, im goldenen Gegenlicht, ohne wen. Sehr witzig, genius loci!

◇ Ich hatte kein Ziel. In Roms Mitte braucht man kein Ziel. Die Orte finden dich. Ich konnte nichts gegen das unscheinbare Schild machen, das kurz vor der Fontana di Trevi die »Città dell' acqua – area archeologica« in einem Seitengässchen versprach. Man hatte einen alten Wohnkomplex aus der Kaiserzeit entdeckt, 15 Meter unter Straßenniveau, mit großen Zisternen. Gut, »Wasserstadt« war eine römische Übertreibung, die sich auf die Nähe des Trevi-Brunnens bezog – einst waren seine Wasser hier wohl durchgeflossen –, aber ich war beeindruckt. Eben noch im Bergdorf, stand ich jetzt in unterirdischer, orange beleuchteter Antike. Die Stätte war gefunden worden, als das kleine *Cinema Trevi* zum Mini-Museum für den römischen Volksschauspieler Alberto Sordi umgebaut wurde, dessen Filmspruch »Makkaroni! Ihr habt mich provoziert, und ich werde euch vernichten!« den römischen Sprachschatz bereicherte. Der Treppengang nach unten wurde flankiert von einer Vielzahl an Schwarz-Weiß-Fotos aus den Filmen des Stars. Mein Versuch, mir eine archäologische Sehenswürdigkeit in Deutschland vorzustellen, die man nicht besuchen konnte, ohne an Heinz Rühmann vorbeizumüssen, scheiterte.

◇ Planet Trevi! Die Masse bezahlt den falschen Film mit der ins Wasser geworfenen Münze; sie scheint nicht zu bemerken, dass sie auf der Vortreppe kaum Platz findet, sie ist wie eine aufgezogene Spieluhr. Den einen geht es um reines Dagewesensein, den anderen um ein von Bernini dekoriertes Event. Um den Brunnen geht es nicht, der, als solches betrachtet, ein grandioses Schauspiel ist. Als Tourist war auch ich Teil jener kritischen Masse, die den Kern jeder Sehenswürdigkeit – dessen, was des Gesehenwerdens würdig ist – zu spalten droht. Wenn das geschieht, hört etwas auf, sehenswert zu sein, weil es zu viele sehenswert finden. Der Einzelne in der kritischen Masse ist daran schuldlos. Mit und in ihr muss man, kann man daher leben. Mit der unkritischen nicht. Die unkritische Masse senkte, weil sie nichts würdigen kann, die Halbwertzeit der Fontana di Trevi als Sehenswürdigkeit dramatisch: Der Brunnen wurde zum popcornweißen Fake in einem von Las Vegas simulierten Rom. Was noch fehlte: Anita Ekberg taucht im Baywatchbikini, mit Headset und breitem texanischen Akzent im Brunnen auf und kündigt dem Publikum die große Show an, in der ein augenzwinkernd »Bernini« getaufter Delphin jede Münze schnappt.

◇ Es wurde heiß. Ich hatte Durst und war vorerst bild-, orts- und menschensatt. Ein Gary-Larson-Cartoon zeigt einen Schüler, der sich so meldet: »Herr Lehrer, darf ich mal austreten, mein Hirn ist voll.« Ich war schwer angeschlagen. Deutsche Tugend!, brüllte ich mich im Stillen an. Reiß dich zusammen! Eine Pause würde es nicht mehr tun. Nur eine Auszeit taugte. Noch wollte ich nicht wahrhaben, dass mich Rom gleich am ersten Tag fertigmachte. Noch war es ja auch nicht so weit, aber es musste etwas geschehen. Es durfte also nichts mehr geschehen. Ich entschied mich für eine Anrufung. »Rom«, bat ich, »sei langweilig, für ein paar Minuten. Siehe, meine Erschöpfung ist die des sinnesfrohen Augenmenschen, an dem auch die Erotik des Gewöhnlichen nicht fehlgeht. Geize mit deinen Reizen, Rom, nur für eine Stunde, damit ich dich die ganze Nacht umso mehr lieben kann!«

Und Rom sandte mir ein Zeichen! Nach ein paar Schritten gelangte ich in die Via dell' Umiltà, in die Straße der Demut! Ich war demütig gewesen, jetzt war die Stadt dran. Sie ließ die Straße per aspera ad astra ansteigen – ich akzeptierte den sanften Seitenhieb und nahm die Steigung mit Zuversicht. (Wo sollte ich auch sonst hin.) In der Ferne wurde ein breiter Treppenaufgang sichtbar, vor dem eine andere Straße kreuzte. Ich beschleunigte, als plötzlich – Tschingderassabumm, sowas wie Radetzkymarsch, Militärkapelle! – stramme standartentragende Italiener in Uniform an mir vorbeiparadierten und sich auf dem Quirinalsplatz sammelten, zu dem die Treppe führte. Jetzt sangen sie auch noch. Die unkritische Masse war auch wieder da, fotografierte und freute sich.

Uova strappazate heißt »Rühreier« auf Deutsch. Oscar Wildes letzte Worte sollen gewesen sein: »Entweder die Tapete geht oder ich.«

Es war der Moment, in dem ich entschied, dass Rom eine narzisstisch und hysterisch akzentuierte Borderlinepersönlichkeit ist. Basta, Sehnsuchtsort! Ich beuge mich dir, und du schickst Marschmusik und Vaterlandsgesänge. Könnt ihr haben, Spaghettifresser, das kann ich auch. Hiermit vertrete ich die Sehnsuchtsorte der deutschen Romantik. Ich vertrete Joseph von Eichendorff. Wie sind wir wandermüde. Ich fordere weiten, stillen Frieden, und zwar subito!

✧ Neulich war ich zum ersten Mal seit langer Zeit wieder in Paris. Beim ersten Besuch hatte ich den Eiffelturm ausgelassen. Souvenire interessierten mich nicht. Für mich gab es den Eiffelturm nur als Zitat, als Logo, als entbehrliche Postkarten- und Schneekugelexistenz. Beim zweiten Besuch war ich von der Wucht berauscht, mit der der Eiffelturm mich und meine albernen Vorurteile lächerlich machte. Er ist eine überwältigende und in jeder Hinsicht fantastische Konstruktion. Man könnte sagen: »Der Eiffelturm war aus der Schneekugel in mein Herz gekrochen!« Das wäre aber, sprachlich gesehen, keine so fantastische Konstruktion. Auch das Kolosseum war eine fantastische Konstruktion. Warum nur blieb es in der Schneekugel?

✧ Seltsam, wie in der Schneekugel der Erinnerung die Dinge durcheinanderwirbeln und sich dorthin senken, wo sie nie gewesen waren. Ich war mir aufgrund meines ersten Aufenthalts auf dem Forum Romanum sicher, es sei überschaubar und schnell durchwandert. Tatsächlich ist das Gelände, das das Forum Romanum und den Palatin, auf dem Ruinen wachsen wie Kristalle, als ein Ganzes in sich trägt, nicht nur ewig, sondern auch unendlich. Auf der Karte ist es enden wollend, in Wahrheit hört es nie auf. Es sprengt das Rom-Zeit-Kontinuum. Wahrscheinlich lag es an mir. An der Freude, dass das Areal meine möglicherweise idiosynkratische Massenkritik und Point-of-Interest-Skepsis einfach ignorierte und mir eine Art des Betrachtens zurückgab, die mehr durch Naivität als durch Reflexion gekennzeichnet und deshalb wohl am treffendsten mit »Staunen« beschrieben ist.

Ich staunte über die Reste einer Basilika, die das Gebäude noch riesiger wirken ließen, als es vor mehr als anderthalb Jahrtausenden gewesen sein musste, nämlich, wie ich nachschlug, ungefähr halb so groß wie der Petersdom. Weniger über das Gewaltig-Sichtbare staunte ich als vielmehr über das, was nicht da war und doch nicht fehlte. Es war das Ruinenstaunen, das die Mauern zu einem Symbol für etwas Großes

machte, etwas jenseits von Quadratmetern, etwas Imaginäres; nicht für etwas Gewesenes oder Getanes, sondern für eine Idee.

Ich wanderte an Säulenreihen vorbei, an Tempeln, an Statuen, durch Kies und Gras, durch einen Park, der kein Themenpark war. Hier war nichts Fremdes oder Exzessives, nichts Künstliches oder Irreales. Das Pathos war leger. Im Staunen war mir alles nah, ich war die aufgeklärte Alice im Wunderland und staunte entspannt. Ich ertappte mich bei der Selbstreflexion, sei's drum, ich durchschlenderte die Meta-Ebene genauso lässig wie den Bezirk selbst, der nun seinen Charakter änderte: Mein Weg führt den Palatin hinauf, durch eine Treppen- und Terrassenanlage aus der Renaissance, wie durch hängende Gärten, die Treppe wird schmaler und steiler, auf der rechten Seite die Hügelwand, die letzten Stufen, eine Kurve, und ich stehe unter einem Orangenbaumzweig, in nahezu senkrechter Linie fädelt mein Blick das pralle Orange der Frucht, das Grün des Blattes und das Blau des Himmels auf, ich ducke mich unter dem Zweig weg, schreite in eine hübsche, durch wohlgestutzte, orangenbaumgesäumte Hecken strukturierte Gartenanlage und erreiche, Jasminduft hinter mir herziehend, eine Aussichtsterrasse: Unten liegt ein Spielplatz für Riesen.

Die Säulen, Statuen, die antiken Elemente, hingefallen, aufgestellt, sahen aus wie Bauklötze, nein, zu hässlich klingt das, zu schwer und plump, um die fragile, formenprächtige Anmut des Götterlegos und seiner halbfertigen Arrangements einzufangen. Mich ergriff ein Gefühl, das in Reichweite des Erhabenen hätte sein können, wenn es nicht durch den Eindruck der spielerischen Ordnung genährt worden wäre. Der junge Gott hatte keine Lust mehr gehabt, sich die Zeit mit seinem Spielzeug zu vertreiben. Hier war nie etwas *fertig* gewesen: Hier war nie etwas fertig *geworden*. Ich sah keine Ruinen, ich sah Fragmente. Ich sah das Unvollendete in Vollendung. An diesem Ort macht man keinen Kalauer, wenn man Romantik »Rom, antik« buchstabiert.

✧ Das Palatin-Plateau streckte sich in die Dämmerung hinein. Ein Paar räkelte sich auf einer im Laufe der Jahrtausende zum Liegen gekommenen Säule. Ich traf auf eine englische Schülergruppe, die vor einer guterhaltenen Wand eines Hauses saß. Auch die Jugendlichen hatten auf Säulenresten Platz genommen. Das Haus muss sehr vornehm gewesen sein. An der

Wand waren zwei Platten angebracht, Proben einstiger Marmorkunst, ein grüner Kreis, ein rotes Quadrat, halb umrahmt von symmetrischen, abstrakt anmutenden Verzierungen. Von weitem sah es aus wie deplatzierte Kunst des 20. Jahrhunderts. In dem weitläufigen Areal verteilten sich die überschaubar gewordenen Besucher. Alles war ruhig. Ich genoss, was eine Ruineneinsamkeit zu werden begann. Erst jetzt wurde mir bewusst, dass nichts umzäunt und *vietato* war. Überall lag verzierter Bruch im Gras herum. So mussten Kiesel auf dem Olymp aussehen. Klein, aber nicht unauffällig, eine Würde ausstrahlend. Aus der Sicht der Ameise war noch das kleinste Stück ein ungeheures Monument. Ich ließ mich auf einem nieder, fuhr mit den Fingern die gemeißelten Rillen nach. Es war kein Teil mehr von irgendetwas, war nicht Ruine, nicht Fragment. In dieser Form, als Hocker, konnte das Weltkulturerbe nicht auratisch sein, aber als charismatischer Splitter machte es sich fassbar und bot sich uns an, wie etwas Freigewordenes, wie etwas uns wohlwollend Duldendes. Du darfst mich ruhig anfassen, spricht mein antiker Splitter, und ich dachte daran, wie sehr ich als Kind Streichelzoos geliebt habe.

⬩ An einem warmen Samstagabend ist der Campo dei Fiori der Auslaufbereich für eine Disco, die es nicht gibt. Laute Musik und bunte Lichter liefern die vollbesetzten Bars ringsum. Auf dem Platz Horden von Jungs mit angetrunkenem Gorillawillen. So breitbeinig wie irgend möglich bestiegen sie die Klippe zur Volljährigkeit. Schulterschlagend-flaschenklirrend versicherten sie sich gegenseitig ihrer Coolness oder ihrer Vereinstreue. Das Knutschen mit der Freundin des anderen letzte Woche war ein Unfall. Putzige kleine Kerle, sagte der Bernhard Grzimek in mir. Sie blähten sich und rauften, sie brüllten und rannten, sie tanzten, tranken und rauchten. Nicht wenige versuchten, alles gleichzeitig zu tun. Was sollten sie auch machen: Um sie herum stolzierten Mädchen auf Installationen zur Beinverlängerung, sie trugen Strumpfhosen und Lippenstift in Farben, die es nicht geben konnte, sie warfen ihr Haar umher für eine Kamera, die ebenso wenig existierte wie der freie Wille. Ich sah ein sich selbst hochputschendes Sozialphänomen; ich sah die Pubertät in ihrer reinsten, unschuldigsten Form. Ach, ich falscher Zoologe, schalt ich mich, sieh doch, wie sich die Winkel deines Mundes sentimental kräuseln, wenn das Bierglas deine Lippen berührt! In der Mitte des Platzes steht Giordano Bruno auf seinem Podest. Seinen Heiligenschein kann ich mir nur als Discokugel denken. Auch wenn er so ganz und gar *gothic* und humorlos über den aufgedrehten Sünderlein thront, ist die unter ihm sich abspielende Vergnügungssucht – allerletzten Endes – wohl in seinem Sinne.

⬩ Meistens bin ich früh schlafen gegangen, für meine Verhältnisse, in Rom. In dieser Nacht setzte ich mich in den Nachen der Zeit und ließ mich von ihr ins Ungewisse rudern. Nicht, dass ich nicht müde gewesen wäre. Nur, die Ermattung äußerte sich in einem angenehmen, hochrezeptiven und passiven Gleitzustand; es war, als bewegte ich selbst mich nicht, als strichen die Gassen, Straßen und Plätze an mir vorüber, so wie es dem Zugpassagier für einen Moment scheinen mag, der Teppich der Außenwelt zöge sich, wenn der Zug anfährt, langsam unter ihm fort und er selbst säße als unbewegter Zuschauer in seinem Abteil.

Rom wird leerer, langsamer, ruhiger. Vespa-Duft senkt sich herab. Diese Note empfindet er als wirklich wohlriechend. Sie ist einzigartig, es gibt sie nur in italienischen Städten. Stärker und unmittelbarer als jeder Blick, jedes Essen, jedes Wort schließt sie ihm unzählige Urlaubserinnerungen aus der Kindheit auf. Das olfaktorische Gedächtnis vergisst nicht, und das Wort »Erinnerungen« ist nur Annäherung an die große chemische Körper-Geist-Verschaltung. Er setzt sich auf eine Treppe. »So ist es«, sagt der Hippocampus, nicht: »So war es.« Brunnen und Benzin schließen einen Pakt von großer synästhetischer Richtigkeit.

Es ist Nacht geworden. Er kehrt zu Orten zurück. Zur Piazza Navona, zur Fontana di Trevi. Die Stätten atmen auf im Schutz der Nacht. Noch immer kann er in den Trevi-Brunnen etwas Außerirdisches hineindenken, gänzlich anders jedoch, als er es vor ein paar Tagen zu tun gezwungen war. Wie ein titanisches Artefakt, das aus einer anderen Welt auf einen viel zu kleinen Platz gesandt wurde, wirkt der mächtige Brunnen in der starken, aber nicht grellen Nachtbeleuchtung. Er bleibt dem Besucher fremd, doch jetzt, da das Trevi-Rauschen nicht länger übertönt wird, ist ein respektvoller Frieden mit ihm möglich. Der Besucher trifft auf einen anderen kleinen Platz. Auch hier fließt ein Brunnen, dunkel ist es und kein Mensch in der Nähe. Erst im stillen Rom wird der Laut des Wassers zum echten Charakteristikum der Stadt. Er fragt sich, ob Rom, die Stadt, die mehr als alle anderen Städte bewohnt war – nicht in der Masse oder Ausdehnung, sondern in der Zeit –, erst ohne seine Menschen ganz zu sich selbst fände. Nur der letzte, einzelne Mensch könnte das beurteilen.

Wenn es Orte gibt, wo das Schicksal, der letzte Mensch zu sein, noch einen Trost gewährte, muss Rom einer von ihnen sein. Alle Brunnen müssten fließen, alle Autos wären fort. Nur der kaum noch wahrnehmbare Vespa-Duft würde nie ganz weichen. Bestuhlt wären die Plätze, alle Kirchen offen. Es gäbe keine Absperrungen, nichts wäre hinter Glas. Und dann, wenn es so weit wäre, könnte er auf den Palatin gehen und sich eine Säule suchen. Genau hier bleiben und sich unter den Brunnen betten. Sich an die noch sonnenwarme Wand einer unscheinbaren Gasse lehnen. Eine Kirche betreten und in einen blauen Sternenhimmel schauen, darin die Heiligen walten. In einen Dom gehen, sich vor die Pietà legen und in einen ungestörten Schlaf fallen.

✧ Als er am nächsten Morgen aus keinen Träumen erwachte, fand er sich in seinem Bett zu einem ungeheuren Katholiken verwandelt. Darin die Heiligen walten … das sollte ich geschrieben haben?! Starke, transformierende Romstrahlung gestern Nacht. Werwölfe passten nicht zu Rom, doch mit ein bisschen Übung konnte ich vielleicht ein Werpapst werden. Vollmond auf dem Petersplatz. Kontrabässe. Weißer Rauch steigt um mich empor. Schmerzensreich neige ich mein Haupt, daraus krachend silbriges Haar und eine Tiara wächst, mein Finger gebiert den Fischerring.

✧ Auf dem Weg zu der einen Kirche, Santa Maria in Aracoeli, stieß ich auf eine andere: Santa Maria della Consolazione war eine unwichtige, kleine, für römische Verhältnisse geradezu schäbige Kirche. Das 16. Jahrhundert war vorhanden, doch in geringem Maße, und die Kirche war offenbar so arm, dass sie sich nur bessere Devotionalien eines 50er-Jahre-Kiosks leisten konnte, ein paar kitschige, viel zu bunte Jesus-Bildchen. Ungewöhnlich einfach war auch die gewölbte, in weichem Pastellgelb gestrichene Decke. An mehreren Stellen war weißer Putz für Leitungen an die Wände geklatscht worden. Dennoch wäre diese Kirche in jeder deutschen Stadt eine Attraktion gewesen, sei es nur wegen der schönen Kuppel über dem Altar mit ihren blau-gelben Waben. Ich setzte mich auf eine der Bänke davor, war allein, blieb allein. Nach zehn Minu-

ten kam ein einzelner Besucher. Er blieb gerade so lange, wie er brauchte, sich der relativen Attraktionslosigkeit des Ortes zu vergewissern. Ich ließ die Stille sinken und saß ungestört in einem Raum, der nicht mehr als eine römische Fußnote war und mir ungeheuer privilegiert erschien. Irgendwann trat ein Mönch aus einem Bilderbuch und einer Seitentür hervor. Es war ein Kapuziner, er trug die braune, von einer weißen Kordel zusammengehaltene Kutte, er trug Sandalen, wenig Haar, einen Vollbart, er trug zwei Plastiktüten mit Einkäufen, grüßte mich mit einer beiläufigen, völlig verbindlichen Freundlichkeit und ging vorüber. Er grüßte mich wie ein ihm gut bekanntes Mitglied seiner Gemeinde, das er nicht stören wollte. Etwas wurde wirksam, meine Augen verschleierten sich, weil es etwas Wunderbares gab in dieser Stadt.

Ich holte tief Luft, verließ Santa Maria della Consolazione und wurde sofort vom Anblick des Forum Romanums auf ihrer Hinterseite empfangen, ging weiter zum Kapitolsplatz, von dem eine unscheinbare Treppe aufwärts zur Santa Maria in Aracoeli führte, betrat sie durch eine schlichte Seitentür und atmete schwer aus. Maria hat unzählige Gesichter in Rom, aber dieses, das Antlitz der Maria des Himmelsaltars, war das größte anzunehmende Gegenteil von dem nur wenige hundert Meter entfernten Antlitz der Maria des Trostes. Der riesige Raum war mehr Prunksaal als Kirche. Links und rechts, zwischen den weißen, palazzoartigen Bögen, die die Schiffe trennten, vor dem Altar, überall, hingen kristallene Kronleuchter, über fünfzig an der Zahl, gekrönt von einer hohen, goldschimmernden Kassettendecke. Der unendlich kunstvolle, farbige, mosaikene Marmorboden glänzte wie ein polierter Spiegel. Es gab nur wenige Stühle vor dem Altar, der Boden war breit und frei und lang wie ein Parkett. Hier tröstete Maria nicht, hier trauerte sie nicht. Hier hielt sie ihren Sohn in den Armen, um mit ihm in einer fantastischen, überirdischen Ballnacht in das ewige Leben zu tanzen. ☙

JOACHIM OTTE, geboren 1972, Studium der Germanistik und Anglistik, ehemaliger Organisator und Moderator des *Literarischen Salons* in Hannover, 2007–2008 Geschäftsführer der *academy of architectural culture* (aac) in Hamburg. Seitdem bei CORSO.

Herbert List,

1903 in Hamburg geboren, 1975 in München gestorben, sollte Kaffee-großhändler werden, entdeckte in den dreißiger Jahren für sich die Foto-grafie und wurde schließlich zu einem Fotografen, der im Laufe seines Lebens fast die ganze Welt gesehen hatte.

List – heute ein Klassiker der Fotografie-Moderne, der »die Autarkie des Dandys mit der Aura des Flaneurs« verband (Günter Metken) – machte in den fünfziger Jahren verschiedene Reisen nach Rom, wo er nicht nur durch die Straßen wanderte, sondern auch Bekanntschaften machte, u. a. mit Vittorio de Sica, Anna Magnani, Pier Paolo Pasolini.

Seine Bilder der *grande metropoli populare* sind empathische Zeug-nisse eines Künstlers, der »aufhörte zu fotografieren, als die Welt seiner Imagination aufhörte, ihre Entsprechung in der Realität zu finden«, wie Wolfgang Hildesheimer zu Lists 70. Geburtstag schrieb. ç

links: Im Park der Villa Medici
oben: Morgens auf der Piazza Venezia

vorhergehende Doppelseite
links: An der Piazza del Popolo werden Plakate entfernt
rechts: Luftballonverkäufer an der Fontana di Trevi

oben: Römische Witwen

Eingang zum Palazzo Zuccari

Platz im Arbeiterviertel Trastevere mit
einem Plakat des Kommunisten Togliatti

Feierabend in Trastevere

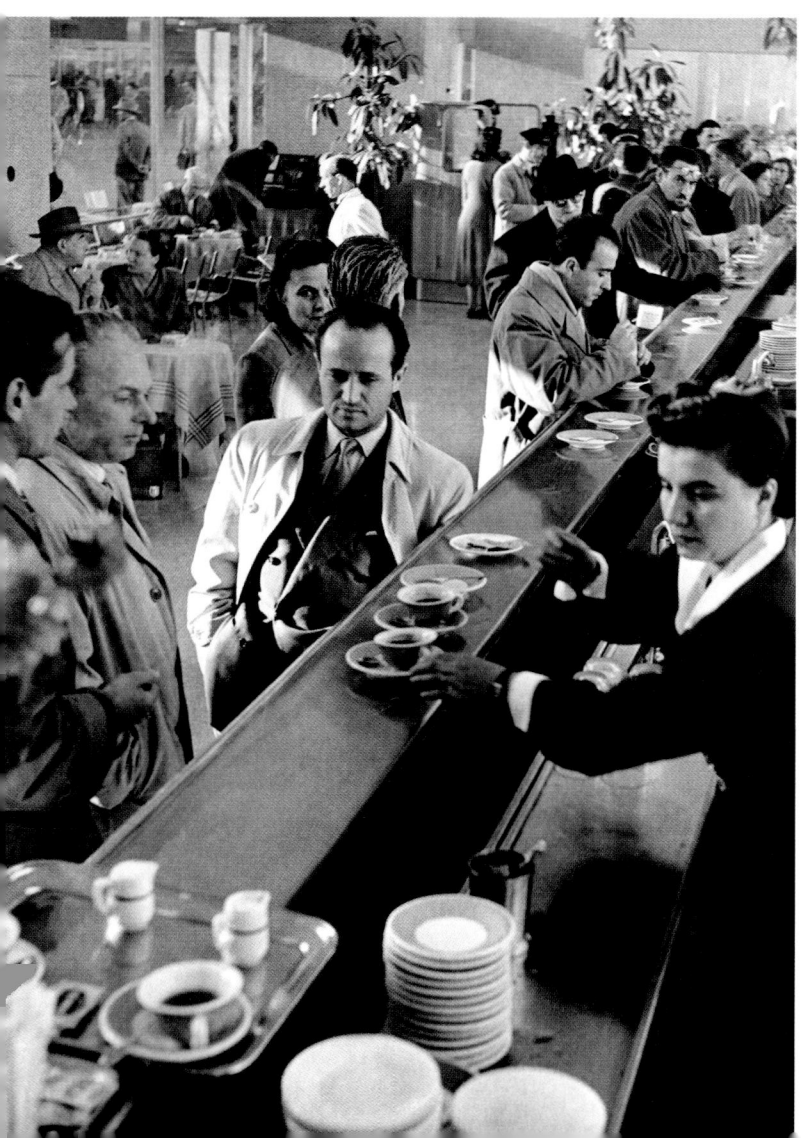

links: Menschen an der Stazione Termini
oben: Disput in Trastevere

links: Fischer auf dem Tiber
oben: Seiteneingang der Stazione Termini
nach Mitternacht

*Wir danken dem Herbert-List-Nachlass,
insbesondere Peer-Olaf Richter, für
unkomplizierte und großzügige Zusammenarbeit.*

Fremde Katze

Eine Erzählung

FERIDUN ZAIMOGLU

Mitten in der Menge standen sie, da verließ sie ihn. Die Fremdenführerin sprach von einem römischen Kaiser, der seine Milchschwester vergiftet hatte. Sie sagte: »Der Kaiser und die Römerin wurden von derselben ehrwürdigen Amme gesäugt. Doch die Milch ihrer Brüste bekam ihm nicht, er verkam, er verrottete, er verdarb.« Er hörte nicht richtig zu, doch bei diesen unangebracht dramatischen Worten merkte er auf. Was würde als Nächstes folgen? Würde sie, die zwanzig Deutsche durch Ruinen und Paläste führte, vom wogenden Busen der Göttin Fortuna sprechen? Zu seiner Linken Elina, sie schraubte die Plastikflasche auf, drückte Nagelkerben in die rote Kappe, trank ohne heftige Schluckgeräusche, und während sie trank, wurde sie wütend, das Klacken der Einwegfeuerzeuge in seiner Jackentasche machte sie wütend. Am Ende der Liebe wurde es immer harscher, und so geschah es, dass Elina nach vier Tagen in Rom, am Spätmorgen des fünften Tages, die leere Wasserflasche auf das Pflaster fallen ließ, die Sonnenbrille abnahm und geblendet wurde von dem herrlichen Licht; es geschah, dass sie die Kappe über den Daumen stülpte und die Sichelmondkerben besah, sie rieb sich nicht die Müdigkeit aus den Augen, weil diese mädchenhafte Geste seine Stimmung gehoben hätte. Elina stand mit dem Rücken zur Fremdenführerin, sie sah einen bengalischen Regenschirmhändler aus dem Tritt kommen und hörte ihn fluchen, sie trat einen Schritt näher und sagte: »Wir hätten uns viel öfter streiten sollen, aber du wolltest es nicht. Du bist ein lieber Onkel, mehr nicht. Ich liebe dich nicht mehr. Sei so lieb und versuche nicht, mich zu überreden.« Er hätte sie besänftigen können, er tat es nicht. Er hätte die Feuerzeuge als Zeichen der Buße fortschleudern können, er tat es nicht. Die Hitze lähmte ihn, er war entschuldigt, die umstehenden Frauen waren Zeugen von Elinas Zerknirschung, sie bedachten ihn nicht mit bösen Blicken, wie er es erwartet hätte. Er war, da er schwieg und niedergeschlagen wirkte, entschuldigt: Er wandte sein Angesicht nicht dem Himmel zu, er rief der Davoneilenden keine Verwünschung hinterher. Marlon blieb ruhig. Er schaute auf, die Fremdenführerin sprach von *garum*, der Fischsoße, die die alten Römer zum Salzen der Speisen benutzten. Sollte er essen gehen in das Volkslokal im Viertel Nomentana? Elinas Liebe ist vergangen, dachte er. Ich mochte es doch so sehr, dass sie mich liebte. Noch wollte er sich von der Gruppe nicht lösen, also ließ er sich an den Rand drängen und folgte einfach seinem Vordermann, der es

Rom, Via Garibaldi

bereute, in seinen neuen Herrenschuhen zur heutigen Besichtigung auf-
gebrochen zu sein. Er lahmte mit seinem linken Fuß. Marlon, der von der
Geliebten Verlassene, sagte, er kenne einen Laden in einer Seitenstraße
am Pantheon, dort könne er Kunstlederslipper kaufen – die Nähte platz-
ten zwar auf nach wenigen Tagen, doch dafür müsse er auch nur einen
Schein und eine Handvoll Münzen auf den Tresen legen. Hielt der Mann
ihn für einen Barbaren? Er blies sich nur eine Strähne aus dem Gesicht,
dankte nicht, hinkte weiter, blieb in der losen Formation.

Die Römer auf den Straßen waren gutgekleidete Bürger, sie trugen
Steppwesten über den dunkelblauen Jacketts, wahrscheinlich um sich als
Besitzer einer pflaumenblauen Vespa auszuweisen. Die Männer in dieser
Stadt verstand Marlon nicht, und von den Frauen wusste er nichts. Er war
nun frei und entlassen, es strafte ihn sonst seine Freundin mit bösen Blicken, wenn er eine fremde Frau ansah; wäre es unanständig, mit der Suche zu beginnen, der Suche nach einer in seltenen Momenten entflamm-
baren Schönen? Die Fremdenführerin Patrizia hob den Stock in die Höhe,
der warme Wind erfasste den Stofffetzen am oberen krummen Ende, und
der hinkende Mann lachte auf. Er hatte ein renoviertes Renaissance-
gebäude, das ihm als Ansichtskartenmotiv bekannt war, wiedererkannt. Er
sagte zu Marlon: »Dies ist kein Palast, aber ein Bürgerhaus.« Sollte er ihm
für die Belehrung danken? Er lief mit, er hatte die Orientierung verloren,
er wusste nur, dass sie auf der rechten Uferseite dem Fluss folgten.

Eine baldige Verstrickung in eine Liebesgeschichte wollte er vermei-
den, das nahm er sich vor, und da er dies entschied, tauchte er wieder auf,
er kämpfte die Trauer nieder, er zog die Luft durch die Nase tief ein und
roch doch nur aromatisierten Lärm. Das war Rom für ihn: Es war unmöglich, nur den Lauben zu lauschen, den Lärm zu hören, man roch fast immer einen süßen Duft. Es roch in Rom nach gerösteter Nuss, nach Pista-
zieneis, nach frischrasierten alten Männern. Nach dem Holz von alten
Kinderschaukeln. Nach einer Frisierkommode. Was sollte er sich darüber
wundern? Beim letzten Romaufenthalt im Februar hatte es unentwegt ge-
regnet, nur am Nachmittag und in der Nacht war das Schlammdunkel
einem hellen Grau gewichen. Er erinnerte sich: Elina stolperte über eine
Gehwegplatte, sie griff nach ihm und brachte ihn zu Fall, der Angestellte
eines Ladens mit Textilien für raue Jugendliche stürmte heraus und half
ihr beim Aufstehen. Sie sagte einige Worte, der Italiener machte ihr Kom-

plimente und lobte ihre akzentfreie Aussprache. Er aber stand auf, eilte weiter, er wusste, dass es deshalb einen Streit geben würde … Tatsächlich hatten sie sich gestritten, damals. Sie nannte mich einen lieben Onkel, dachte er, sie ist zwei Jahre älter als ich, sie unterschlägt drei Jahre, also bin ich fünf Jahre jünger als sie … Es gelang ihm nicht, wütend zu werden, Elina war weg, und weil er sie nicht bedrängen wollte, rief er sie auch nicht über das Mobiltelefon an. Sie würde ihre Pflege- und Hygieneartikel in die Kulturtasche packen, sie würde ihre über das ganze Zimmer verstreuten Kleider falten und im Koffer verstauen; sie schriebe keine letzten Zeilen auf das Hotelbriefpapier, sie verschwände einfach aus seinem Leben.

Marlon machte in Patrizias Richtung eine ungefähre Geste und verließ die Touristengruppe. Das Licht blendete ihn, er wünschte sich den Abenddämmer herbei. Bald stand er am Tresen einer Mokkapinte, die Männer, die den gezuckerten starken Kaffee tranken, waren starke Raucher, er roch den Rauch an ihren Jacketts und Jacken. Aus dem hinteren Winkel starrte ihn ein Mann an, Marlon erkannte den Exildeutschen erst auf den dritten Blick, er ging hinüber. Hugo hatte es nach Rom verschlagen, weil ihn der Wunsch nach einer Glanzleistung antrieb, und im Schatten der Umfassungsmauer eines Hauses, des Hauses, in dem seine neapolitanische Freundin wohnte, im gescheckten Schatten der Mauer also hatte er entschieden, die völlig verrückte Frau zu heiraten. Fünf Jahre später ließ sie sich von ihm scheiden, er fand eine Anstellung als Übersetzer in einer Sprachschule, und es kam vor, dass einer Studentin sein wüstes Aussehen gefiel. Marlon rechnete mit einer Lügengeschichte, er war überrascht, als Hugo ihm eröffnete, dass er bald für immer nach Deutschland zurückkehren würde. Rom den Römern, sagte er, ich spreche nicht nur Italienisch, ich spreche ein weitaus besseres Italienisch als die meisten Römer. Sie loben mich als Sprachgenie, aber eigentlich bin ich ihnen unheimlich. Ihr wahres Gesicht verdecken sie mit fünf Masken, mein bester Freund hier hat in all den Jahren drei Masken abgelegt. Ich bleibe in seinen Augen ein deutscher Eindringling, ein monströser Imitationskünstler, vor dem er sich vorsehen muss. Du weißt nicht, wovon ich rede, oder? … Tatsächlich konnte ihm Marlon nicht folgen, nirgendwo auf der Welt nahm man spät Dazugekommene mit offenen Armen auf. Marlon sagte: Elina hat mich verlassen. Hugo machte ein Gesicht, als wäre er aus dem Schlaf geschreckt. Sie tranken ein Glas und ein weiteres Glas Averna auf Eis, dann wünschte Hugo ihm alles Gute und so weiter, er schrieb noch seine Mobilnummer auf eine Papierserviette und klopfte ihm auf die Schulter.

Marlon schrieb es dem Zufall zu, dass er auf dem Weg zum Hotel zwei weitere Bekannte traf, und es war auch bestimmt ein Zufall, dass jeder von ihnen über Sonnenbrand an Gesicht und Armen klagte – er zog weiter, er hatte keinen Blick für die Obelisken mit vergoldeter Spitze, in Rom stellte man sogar die Kriegsbeute öffentlich aus; er trat nicht in eine Kirche oder Kapelle, um das Dickliche, das Blutrühmende, das Heilsversessene anzustaunen – er war durch und durch Protestant: Man durfte die Bestürzung über den Tod des Heilands nicht in die Preisung seines vergossenen Blutes übersetzen. Das Geräusch des Windes, der durch die Zypressen fuhr, ließ ihn frösteln. Nach einem langen Fußmarsch kam er an, er stand vor dem Hotel und schaute zum zweiten Stock hoch: Die Fenster waren offen, die Tüllgardinen bauschten sich nach außen. Der Rezeptionist sagte ihm, dass die vorzeitige Abreise der jungen Dame nichts an den Konditionen verändert habe, er müsse ihm auch für die kommenden Tage ein Doppelzimmer in Rechnung stellen. Das Zimmer ohne sie blieb ein Zimmer, er schloss die Fenster, ihm fiel der Kopfabdruck auf dem Kissen auf, sie hatte sich also kurz hingelegt. Sie hatte über ihre weiteren Schritte mit geschlossenen Augen nachgedacht – das war ihre Art. Er würde es ihr nicht gleichtun, er würde nicht abreisen. Was bin ich?, dachte Marlon, ein freigestellter Liebhaber, ein betrogener Betrüger, ein Tourist der mittleren Klasse. Ein Mann am Ende seiner achten Beziehung.

Er zog sich um, ein buntes Hemd, eine helle Hose, giftgrüne Strümpfe. Zur Verabredung mit Pietro kam er zehn Minuten zu spät, doch dem Italiener schien es nichts auszumachen, er blätterte in einem Modemagazin und fragte Marlon, ob er ihn bei seiner Suche nach einem bestimmten Sonnenbrillenmodell begleiten wolle. Bei einem Optiker am Pantheon wurde Pietro fündig, er bezahlte fast dreihundert Euro für eine große, hässliche Hornbrille. Marlon hatte Zeit. Die Bügel drückten den Italiener an den Schläfen, er ließ sie sich zurechtbiegen, und Marlon stand an der Scheibe, starrte auf die polnischen Pilger, die den Spuren ihres verstorbenen Papstes folgten. Was hofften sie zu finden? Bluttränen, blutende Wundmale, Blutregen, der auf die Dächer der Häuser niederging, in denen die Ketzer und Frevler wohnten – Elina hatte ihn der Trivialität beschuldigt, am Glassarkophag einer darniederliegenden Wachspuppe im

Brokatgewand; das war die Nachbildung der Leiche einer Geschundenen, einer Königstochter, der es gefiel, dem Patrizierdünkel abzuschwören. Die Inbrunst von Früh- oder Spätberufenen war Marlon ein Gräuel, er traute Männern und Frauen nicht, die die Heilung aller Wunden verhießen. Er erinnerte sich: eine verzückte Elina im Angesicht einer Heiligen, er vor Abscheu vor dem billigen Zauber halb abgewandt. Sie bat ihn, die Schönheit des Augenblicks mit ihr zu teilen, er weigerte sich, ihn ging das alles nichts an, er nahm sie nicht bei der Hand, er nahm sie nicht in die Arme – eine Umarmung in Gegenwart einer Wachspuppe mit Glasaugen kam nicht in Frage. Da sagte sie: Du bist herzlos, weil du nicht schwärmen willst. Und wer nicht schwärmt, hat kein Recht zu lieben. Da sagte er: Schwulst ist nicht erhaben. Ich falle auf den Schwindel nicht herein. Wenn du hier in Ohnmacht fallen willst, bitte, ich warte draußen …

Pietro setzte seine neue Sonnenbrille auf, hakte sich bei Marlon ein und zog ihn mit auf den Platz vor dem Pantheon: Der heidnische Tempel war erhaben und gut. Der Italiener lieh sich von ihm hundert Euro, er versprach, das Geld in einen Umschlag zu stecken und an die Adresse zu schicken, die Marlon bitte auf die Rückseite seiner Visitenkarte schreiben sollte. Ich leihe Elinas nächstem Freund Geld, dachte Marlon, bin ich bewundernswert besonnen? Oder sollte ich mich verhältnismäßig verhalten? Und tatsächlich, seine flache rechte Hand flog dem Mann zu, die Brille wurde aus Pietros Gesicht geschleudert, sie fiel auf den Boden, wahrscheinlich waren die Gläser zerkratzt. Das habe ich wohl verdient, sagte der Mann, sie hat mich zu deinem Nachfolger bestimmt, was sollte ich tun? … Die geschminkten Mädchen in der Nähe starrten herüber, sie warteten auf einen Hahnenkampf, auf die Prügelei, von der sie später ihren abwesenden Freundinnen erzählen konnten. Doch zunächst geschah nichts, die Männer standen nebeneinander, Pietro hob die Brille auf, rieb die Bügel und Gläser umständlich sauber. Marlon verlangte sein Geld zurück, und als der Italiener nicht reagierte, ging er einfach weg.

In dieser Stadt konnte er nur im Herbst glücklich werden, im schwindenden Tageslicht glaubte man, ein neuer Tag begänne, die Wünsche wurden wahr an den Abenden im Herbst, und Marlon hatte einer beschwipsten Frau auf der Terrasse einer Bar in San Giovanni ein einfaches Kompliment gemacht – er hatte dieser Frau ohne Begleitung gesagt: Sie sind wunderschön, Ihre Wangen glänzen. Er erinnerte sich: Sie saßen an zwei getrennten Tischen nebeneinander, er trank Averna, sie trank Weiß-wein, es regnete nicht. Sie trank, um ihre Missstimmung zu dämpfen, sie hatte die Spitze ihres linken Schuhs angestoßen, das Oberleder war wie eine kleine Platzwunde aufgegangen. Sie sprachen über die Deutschen, die ihren Aufenthalt dazu nutzten, so viele Gemälde wie möglich anzuse-hen. Sie sprachen über die streunenden Katzen in den Ruinen, man wur-de von den flanierenden Polizisten ermahnt, sie nicht zu füttern, denn diese Katzen wären Zootiere und würden genügend Futter bekommen. Sie sprachen über übellaunige Italienreisende, die es erboste, in der Wiege ihrer Zivilisation auf Römer zu stoßen, die genauso aussahen wie die Wir-te in ihren Stammrestaurants. Sie waren zwei Deutsche in Rom, sie tauschten Telefonnummern aus, man konnte ja nicht wissen, wie bald man sich wiedersah.

Marlon versuchte aufzutauchen, er machte entgegenkommenden Pas-santen Platz, er dachte beim Gehen über tausend Dinge nach, und doch war er achtsam und stieß nur ein einziges Mal mit einem Mann zusam-men. Auf den Stufen des Postamts der Piazza Bologna saßen junge Frauen in Röcken, ihre Umhängetaschen dienten als Sichtschutz und verdeckten die unkeuschen Stellen. Marlon verstand das Spiel der Katholiken mit der Keuschheit nicht: die strenge Regel und das gepflegte schwache Fleisch. Er wurde oft von Italienern darüber belehrt, dass die Dinge unter dem italienischen Himmel oft zu flüchtig waren, um sie mit klaren Namen zu belegen. Die Dinge waren unterhaltsam, man konnte sich für sie oder ge-gen sie entscheiden, und wichtig schien allein die Verzückung zu sein, die man bei ihrem Anblick empfand. Auch Patrizia hatte sich diese Einstel-lung zu eigen gemacht, sie führte Touristen durch die Straßen Roms. Er sah sie auf der Terrasse der Konditorei sitzen, eine schöne Frau. Marlon näherte sich ihr wie einer fremden Katze: langsam und lächelnd. Sie woll-te in der Öffentlichkeit nicht von ihm geküsst werden, nicht in dieser Zeit, da sie beide die neue Liebe bewerkstelligten – ihre Worte. Sie bestellte für ihn einen *maritozzo*; das war die Verniedlichungsform von *marito*, Ehe-mann, *maritozzo* hieß also so viel wie liebes Ehemännlein. Marlon griff nicht zur Gabel, er wickelte die Süßigkeit in die Serviette und aß in klei-nen Bissen. Sie sagte: Du hast es ihr gesagt. Und wie hat sie es aufgenom-men? Marlon sagte: Natürlich schlecht. Sie hat sich sofort von mir ge-trennt… Sie unterhielten sich über das, was kommen könnte, über diesen

Tag, da sie ihm erlauben würde, sie vor allen Leuten zu küssen. Patrizia holte aus ihrer Tasche ein Plastikfläschchen hervor und besprühte ihre kleinen Nasenlöcher mit Meerwasser. Dann klingelte ihr Mobiltelefon, sie sprach mit einem Kollegen oder ihrem Chef, Marlon fiel der grollende Unterton in ihrer Stimme auf. Vielleicht würde sie ihn bald auch mit dieser Stimme tadeln, wenn er sie ungeschickt berührte. Ihm fiel auf, dass sie beim Telefonieren ihre Worte mit kleinen dramatischen Gesten bekräftigte.

Sie wird wollen, dass ich nach Rom ziehe, dachte er, das zu entscheiden steht aber nicht in meiner Macht. Er legte die Süßigkeit auf den Teller, spielte mit der Kuchengabel, trommelte auf den Tisch. Sie beendete das Gespräch und bat ihn, ruhiger zu werden. Es ging ihm gut, er bereute nur, den Italiener geschlagen zu haben. Also lächelte er sie an, er lächelte so lange, bis die Härte in ihrem Gesicht verstrich, er lächelte sogar, als sie mit ihrem Stuhl näherrückte und ihn küsste. Dies war der Anfang, dies war der Augenblick, da Marlon sich verliebte, das geschah ihm zum ersten Mal so kurz nach einer Trennung. Er würde Patrizia gegenüber aber nur zugeben, dass er bei ihr in Rom nicht unglücklich war. ☾

FERIDUN ZAIMOGLU, geboren 1964 im anatolischen Bolu, lebt seit 41 Jahren in Deutschland. Er studierte Kunst und Humanmedizin in Kiel, wo er seither als Schriftsteller, Drehbuchautor und Journalist arbeitet. 2005 war er Stipendiat in der Villa Massimo in Rom. 2007 erschien sein Buch *Rom intensiv* bei Kiepenheuer & Witsch. *Fremde Katze* ist ein Originalbeitrag für CORSO*folio*.

Formae urbis

Stadt-Bilder Roms –
Wegweiser und Sinnbilder

F ür keine Stadt der Welt liegt ein so reiches und durch Jahrhunderte
sich fortsetzendes Material an Plänen und perspektivischen Stadt-
bildern vor wie für Rom«, schrieb der Archäologe Christian Hülsen
schon 1921.

Die ersten Karten von Rom stammen aus der Antike, der älteste, leider
nur in Fragmenten überlieferte Stadtplan ist ein monumentales Werk: In
den ersten Jahren des dritten Jahrhunderts ließ Kaiser Septimius Severus
einen 13 × 18 Meter messenden, auf 150 Marmorplatten gravierten Plan,
die *forma urbis*, an der Außenmauer des Templum Pacis, des Friedenstem-
pels, anbringen.

In den folgenden Jahrhunderten gerät das kartographische Wissen in
Europa in Vergessenheit; Aspekte wie Maßstabstreue oder der Ansatz,
Orientierung zu ermöglichen, müssen sich neu entwickeln. Statt Wegwei-
ser zu sein, sind mittelalterliche Karten zumeist Vermischungen aus Geo-
graphie und Bild, in vielen Fällen symbolisch aufgeladen. So gibt es etwa
im 13. Jahrhundert Illustrationen, die Rom in Form eines Löwen zeigen.
Damit soll die Vorrangstellung der Stadt dargestellt werden, geographi-
sche Präzision spielt keine Rolle.

Spätestens ab dem 16. Jahrhundert ist ein neu erwachtes Bewusstsein
für Kartographie bemerkbar. Mit der Weiterentwicklung der Disziplin entstehen Karten aus der Vogelperspektive, Straßenpläne und Stadtkarten.

Viele historische Rom-Darstellungen sind, in ihrer jeweils eigenen Äs-
thetik, »Stadt-Bilder«, eigenständige Kunstwerke. Alle sind durch die Do-
minanz der antiken Stätten und Monumente gekennzeichnet, durch die
Erinnerung an den Beginn und an einstige Größe.

Einen beeindruckenden Überblick über Darstellungen Roms bietet
der im Primus Verlag erschienene Band *Rom – Eine Stadt in Karten von
der Antike bis heute* von Steffen Bogen und Felix Thürlemann. ℭ

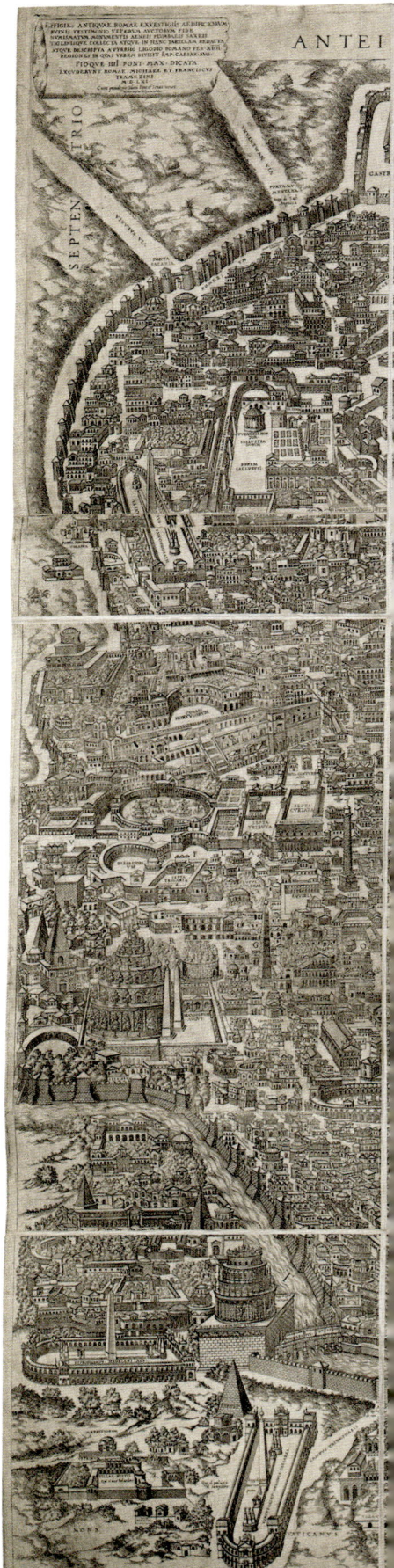

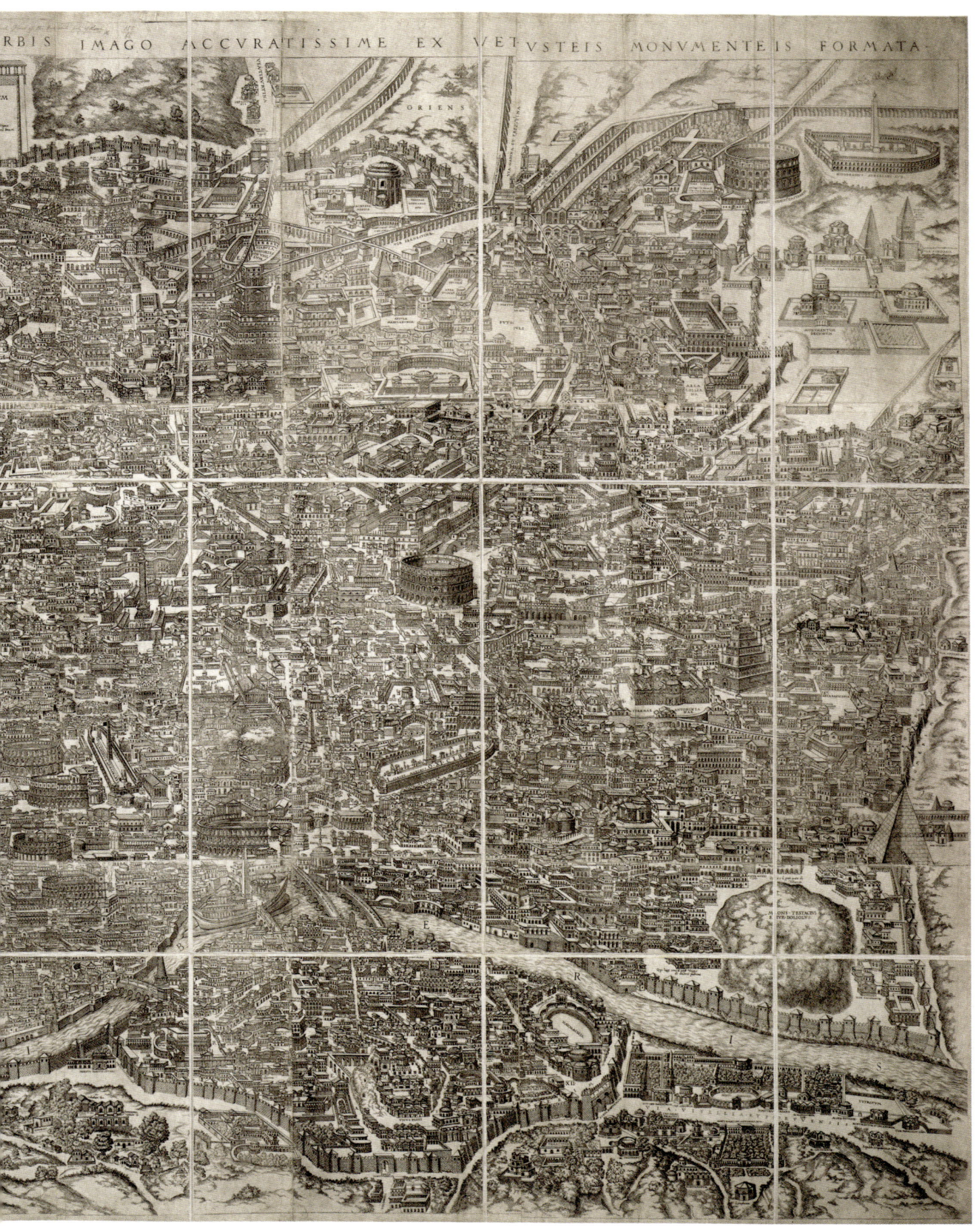

1561 entstand diese detailreiche Rekonstruktion des spätantiken Rom.
Der Kupferstich des neapolitanischen Architekten Pirro Ligorio prägte
für lange Zeit das Bild der kaiserzeitlichen *urbs*, wenngleich ein
großer Teil seiner Phantasie entsprang.

Mittelalterliche Darstellungen der Stadt sollten vor allem Roms Bedeutung
hervorheben. Hier eine Illustration aus dem *Liber ystoriarum Romanorum*, einer
Legendensammlung zur römischen Geschichte aus den Jahren 1280/1290.

Im Spätmittelalter entstanden in Anlehnung an den Mythos von Romulus, der bei der Gründung Roms einen Kreis zog, ringförmige Darstellungen der Stadt. Fast 90 Monumente sind auf Taddeo di Bartolos Deckengemälde im Palazzo Pubblico in Siena aus dem Jahre 1414 verzeichnet, vorwiegend antike Monumente und Kirchen.

folgende Doppelseite: Neue Großbauten trugen zum Wiedererstarken des römischen Selbstbewusstseins in der Renaissance bei. In diesem maßstabsgetreuen, detaillierten Plan des zeitgenössischen Rom aus dem Jahre 1618 von Matthäus Greuter in perspektivischer Darstellung stehen die unter den Päpsten Sixtus V. und Paul V. entstandenen Bauten gleichberechtigt neben den antiken und werden in den rahmenden Ansichten noch hervorgehoben.

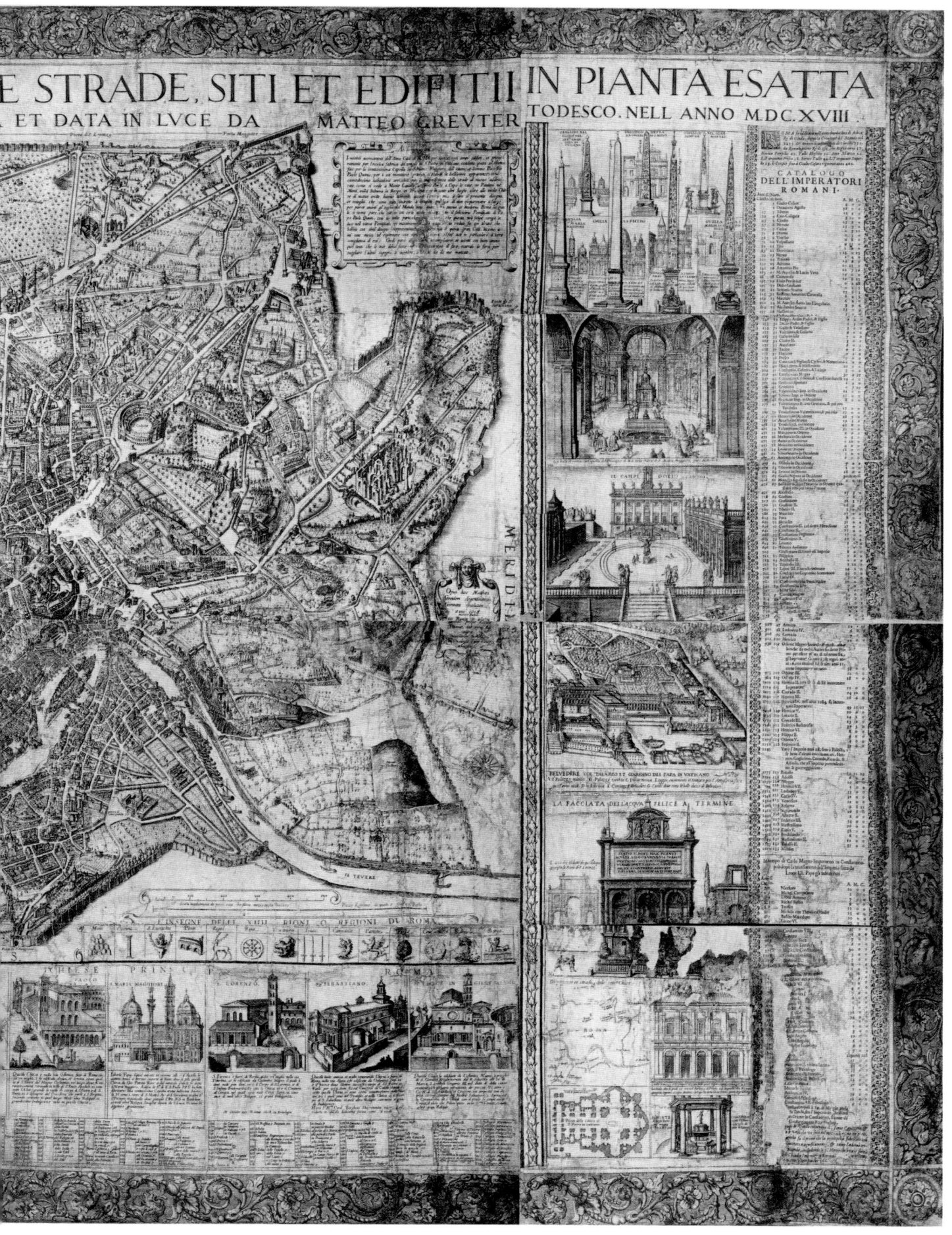

Stadtplan aus dem Jahre 1748 nach einem Plan von J. P. Nolli aus dem
dritten Band der *Voyage en Italie*

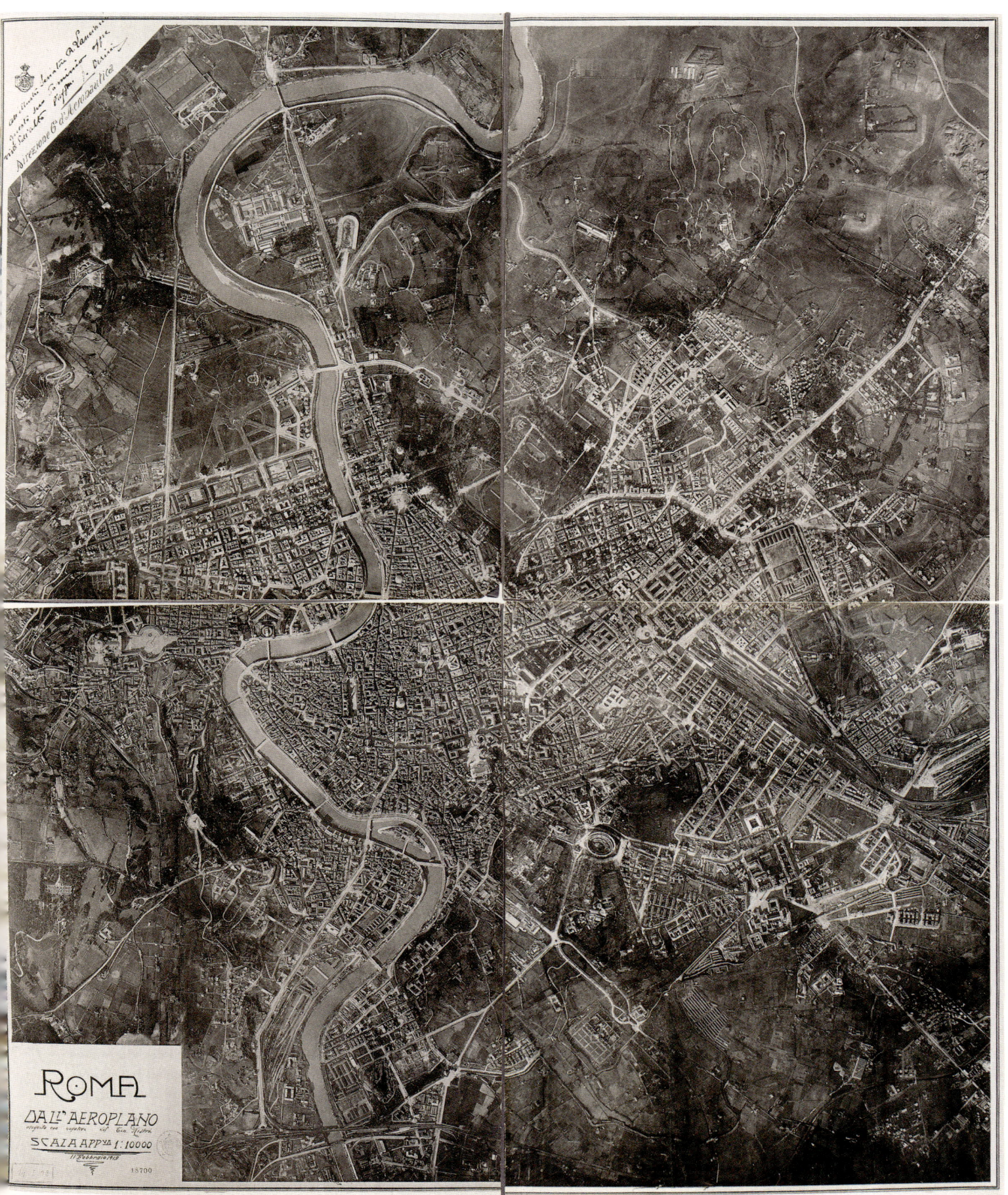

Die sogenannte Aerophotogrammetrie hoffte, die klassische Kartographie ersetzen
zu können. Von erstaunlicher Schärfe ist die erste orthogonale Luftaufnahme Roms
vom 11. Februar 1919, aufgenommen von Umberto Nistri.

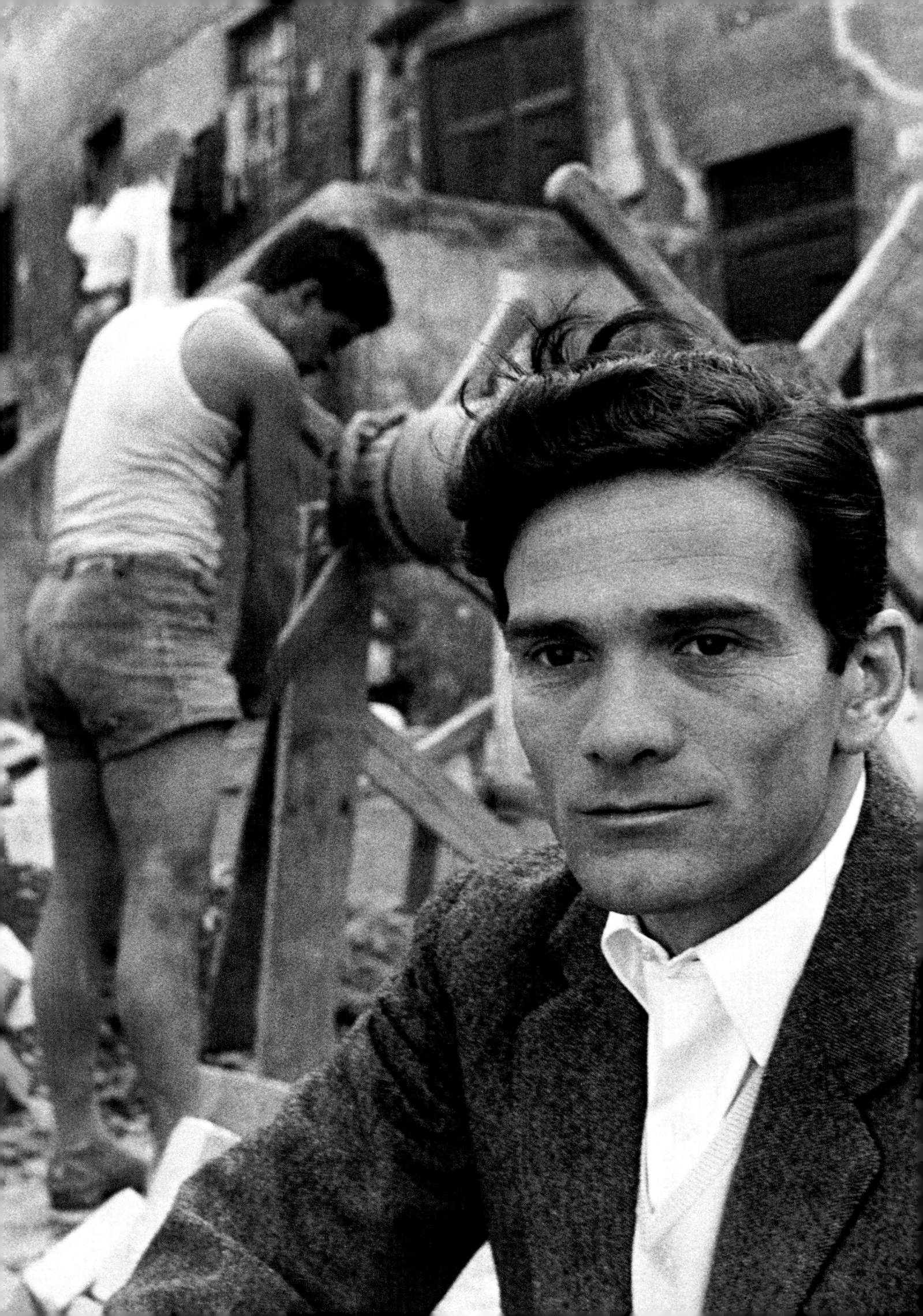

Ich trete aufs Gaspedal und verschwinde

Drei Szenen

⌐ PIER PAOLO PASOLINI ⌐

NACHTWACHEN. DER 21. OKTOBER

Ich lasse das Auto zwischen den Parzellen des Trullo-Viertels stehen, wo der Boden von neuerlichen Regengüssen verschlammt und nach der letzten Hitze wieder steinhart geworden ist. Es ist die Zeit, da sich die Schultore öffnen. Ein Gewimmel aus Kindern, ihren Müttern und robusten Nonnen durchsetzt lärmend das arme Wohnviertel, das rechteckig ist wie ein Konzentrationslager, mit schwindsüchtigen Bäumchen, die auf dem Lehmboden prächtige Plätze vortäuschen sollen. Kindchen, winzig wie Stecknadeln. (Nur der kleine Teil der römischen Kinder, der sich auffällig verhält, ist kräftig und lebhaft, in Wirklichkeit ist ihr Ameisenhaufen friedlich, schwach und erbärmlich: Sie haben die Stimmchen und die Hautfarbe unterernährter, zerbrechlicher Wesen, wie unten im Süden.)

Ich klettere den Hügel hinauf, er ist nackt und rissig wie ein Kalvarienberg, und auf dem letzten Buckel durchfährt mich plötzlich – unter der schönen, endlich erreichten, in ihrem Weiß fast schmerzhaften Son-

Pier Paolo Pasolini 1953 in Rom,
fotografiert von Herbert List

ne – die Idee zum Ende des dritten Aktes des Theaterstücks, das ich gerade fertigstelle. Es ist das Aufwallen eines Glücksgefühls. Wie sehr verstehe ich Boiardo, der alle Glocken von Scandiano läuten ließ, wenn er einen guten Einfall für sein Poem hatte! Ich fühle mich leicht, fliege fast und blicke mich nach allen Seiten um: Vom Gipfel des Trullo aus erscheint zu Füßen des Hügels das Trullo-Viertel mit seinen ordentlich unterteilten, dampfenden Parzellen, schlammfarben vor dem schlammfarbenen Hintergrund der sich in Richtung Meer hinziehenden Hügelkette: Es sieht aus wie ein Winkel in der Lombardei, mit einer riesigen, verlassenen Fabrik. Wie auf dem rosa Grund einer Ansichtskarte übersichtlich verteilt, sieht man auf der anderen Seite das EUR, vom großen Pilz aus Zement bis zum tellerförmigen Sportpalast, dem Rechteck des Ausstellungspalasts, der großen Kuppel der Kirche und zwei bruchstückhaften Wolkenkratzern bis hin zur Kuppe einer Anhöhe in der Nähe, wo ein Gehöft aus der Zeit des Kirchenstaats zwischen Eukalyptusbäumen pathetisch verfällt.

In meiner Nähe spielen im sonnigen mittäglichen Frieden zwei dieser kleinen Kinder, die man hier überall antrifft, wie weidende Schäfchen, die auf der Suche nach wer weiß was über die dünne Schicht aus Schlamm streifen. Sie kommen nah an mir vorbei, als sähen sie mich nicht, verschwinden fast in ihren Säckchen aus Lumpen. Ich greife einem unter die Achseln und hebe ihn hoch gegen den Himmel wie Astyanax. Der Ärmste, er ist nicht mehr als ein Fliegengewicht, kompakt und zart, in die Augen ein wenig Bestürzung aquarelliert. Dann lächelt er mich an, sofort ein Freund. Mich durchbohrt ein – sicher unberechtigtes, sicher unerwünschtes – Mitleid mit diesen unschuldigen kleinen Geschöpfen, die ausweglos dazu verurteilt sind, gemein und böse zu werden.

Um diese Zeit ist Rom ein Dorf. Die Nacht ist schwarz und schroff: alles leer, alles nah. Von der Piazza del Popolo gelangt man augenblicklich zur Piazza Venezia, es sind zwei Schritte. Und rechts und links menschenleere Straßen, sehr alte Straßen und so leer, dass man jemanden, der vorübergeht, auf einen Kilometer Entfernung sieht. Das Licht wirkt fast morgendlich, ohnehin ist um mich herum alles verlassen, und ich, ohne Geheimnis, stehe unter den schweigenden Straßenlaternen wie entblößt und unbenutzt. Ein Auto, das vorüberfährt, hat das Ungeschlachte und Sonderbare eines irrealen Ereignisses. Alle kennen einander wie in einer

Kleinstadt: So muss Rom vor hundert Jahren gewesen sein, die Nacht hat es in vergangene Jahrhunderte zurückgeworfen.

Tatsächlich, ein Auto, schwarz wie ein Leichenwagen, das eben an mir vorbeigefahren ist, als ich Mariola und Adriana nach Hause brachte, es kreuzt wieder meinen Weg und bremst, überholt mich und bremst. Largo Chigi ringsum ist wie eine leere und grausam hell erleuchtete Bühne mit Katzen und Papierfetzen.

Das schwarze Auto hält neben mir, es ist voll junger Männer, auch sie schwarz und bleich vor Müdigkeit mit ihren von schläfriger und stürmischer Jugend strotzenden Kiefern und Haaren. Wir kennen einander. Lebhafte Begrüßung, Händeschütteln durch die Wagenfenster. Sie sind aus Trastevere, ich kenne sie seit ihrer Kindheit. »Du Glücklicher«, sagen sie, »du warst mit diesen schönen Mädchen zusammen! Wir suchen sie gerade!« »Ihr seid die Glücklichen, nicht ich!« »Wohin fährst du?« »Ins Bett, ich bin müde, auf Wiedersehen!« »Ciao, Pa'!« Wieder geben wir uns die Hand. Ich trete aufs Gaspedal und verschwinde in die Via del Corso, während das schwarze Auto hinter mir zurückbleibt, allein, vor dem Bühnenbild eines Roms, das in einer Schirokko-Nacht wiederaufgebaut wurde, nach dem Ende der Welt.

✧

Einem weißen Montagmorgen öffne ich
das Fenster, und die gleichgültige Straße
verschluckt in ihrem Licht und ihrem Lärm
meine seltene Anwesenheit zwischen den Fensterläden.
Dieses Michbewegen … an Tagen außerhalb
der Zeit, die mir gewidmet zu sein schien,
ohne Wiederkehr und ohne Rast,
Raum, ganz erfüllt von meinem Zustand,
wie eine Ausdehnung meines
Lebens, meiner Wärme, meines Körpers …
und sie wurde unterbrochen … Ich bin in einer andren Zeit,
einer Zeit, die ihre Morgen anordnet
in dieser Straße, die ich, unbekannt, betrachte,
in diesen Menschen, Resultat einer anderen Geschichte …

TAGEBÜCHER

Ich begleite Moravia bis in die Via dell'Oca, dann rase ich erschöpft nach Hause. Ich muss unbedingt allein sein. Eilig esse ich mit Mama zu Abend und gehe hinaus.

Die Nacht ist etwa wie die gestrige, es regnet nicht mehr. Die Wolken sind wie Wände in der Ferne, sie versammeln die Welt konzentriert ringsumher wie ein großer Hof.

Die Feuchtigkeit hüllt alles in laue Wärme. Wie herrlich sind diese milden römischen Winter! Und welch eine Unermesslichkeit ist in dieser Konzentration! Unser individuelles Leben ist so begrenzt, dass es nie genug Sinn für die unendliche Komplexität der anderen Leben hat, die es umgeben: Es neigt dazu, sie zu vereinfachen, zum bloßen Hintergrund zu machen. Und diese Trägheit des Geistes, diese nur poetische Großzügigkeit wird unterstützt durch die Feuchtigkeit, die mit milder Wärme getränkte Frische.

Ich streife stundenlang ziellos umher, an Orten, deren Existenz die Behörden und die Moralisten Mailands gerne leugnen würden, aber sie existieren – den Sittenwächtern zum Trotz! Zwischen der Porta San Sebastiano und der Cristoforo Colombo herrscht ein großes Gedränge von Autos, Motorrollern und Gruppen junger Leute zu Fuß. Still und leise fährt von Zeit zu Zeit ein Polizeiauto vorüber, aber das stört die Menge nicht.

Dann mache ich einen Abstecher nach Centocelle. Ich steige aus dem Auto und gehe zu Fuß. Wie viel Elend gibt es in Rom. Im Sommer, mit der Sonne, den Blue Jeans, nimmt man es nicht so leicht wahr.

Während ich durch die Straßen laufe, ruft jemand meinen Namen. Missmutig drehe ich mich um und sehe vier, fünf junge Männer auf mich zukommen. Sie sind schüchtern, fast ängstlich. Zum ersten Mal sehe ich die jungen Römer aus dieser Perspektive. Sie haben mich erkannt und bitten mich – ich kann es kaum glauben – um ein Autogramm. Sie ziehen alte, verknitterte Fotos aus ihren Brieftaschen, auf die ich meinen Namen schreiben soll. Der Mutigste mit seinem ein wenig feisten Arabergesicht und seinen jungenhaften Augen spricht mich an: »Wo Sie jetzt einmal hier sind, erklären Sie doch meinem Freund da, was Sie mit diesem Gedicht von der *Klage des Baggers* sagen wollten … darüber sind wir nämlich unterschiedlicher Meinung …«

Ich betrachte sie, erst ihn, dann seinen Freund, einen Blonden, der vor Verlegenheit fast zittert. Beide sind sehr einfache Jungen, Söhne von Arbeitern oder kleinen Angestellten. Welche Schulbildung mögen sie haben? Vielleicht sind sie Fachschüler. Insgeheim ärgere ich mich ein bisschen: Ich bin ausgegangen, um mich zu entspannen, um in Ruhe allein zu sein, und jetzt muss ich schon wieder über Gedichte reden …

Vielleicht haben sie mir die schlechte Laune vom Gesicht abgelesen und sind darum so unnatürlich schüchtern. Doch mein Zorn ist unbillig, diese Jungen haben recht. Ich nehme meine letzten, schwachen Kräfte zusammen und fange an, mit ihnen zu diskutieren – über mich und über sie.

Tief in der Nacht kehre ich nach Hause zurück. Zwischen der Porta San Sebastiano und der Cristoforo Colombo ist fast niemand mehr zu sehen. Zwei Prostituierte, deren Zigaretten glühen, neben dem Polizeiwagen im Schatten der Stadtmauern.

Die Nacht ist innerhalb der feuchten Wände aus Wolken ein Ort der Sammlung, wie eine Kirche, eine entweihte, frevelhafte Kirche voll der sinnlichsten Süßigkeiten, der vulgärsten, brennendsten Bedrängnisse, der heidnischen Taten der Unterwelt, der verborgenen, anonymen Verführungen, der unglücklich vergeudeten Existenzen, poetischen Existenzen in ihrem unheilbaren Elend, voll der egoistischen, nur von nächtlichen Versuchungen zurückgehaltenen Hoffnungen, der Ergebenheit der Prostitution, voll des Schlafes und der Müdigkeit derer, die den Tag damit verbracht haben, für tausend Lire zu arbeiten, und nun, in der letzten Stunde der Nacht, für kurze Zeit aufleben.

So flüchtig sind die Nacht und das Leben, dass ein wenig Mondlicht – hinter der aufgestauten Feuchtigkeit – schon wie die Morgendämmerung erscheint und die Morgenröte wie der Mond kommender Nächte. Ich eile nach Hause, erfüllt von einer Mischung aus makabrem Unbehagen und rauschhafter Freude, wie ein Roboter meines momentan ekstatischen Empfindens. ℭ *Übersetzt von Annette Kopetzki und Theresia Prammer.*

PIER PAOLO PASOLINI, Schriftsteller, Filmregisseur, Publizist, geboren 1922 in Bologna, ermordet 1975 in Ostia unter bis heute ungeklärten Umständen. Die oben stehenden, erstmals auf Deutsch veröffentlichten Texte sind Auszüge aus dem CORSO-Band *Rom, andere Stadt*.

Dolce vita? Dolce vita.

↝ URSULA KELLER ↝

*über echte und imaginäre Bilder
im Freilichtkino Rom*

Dolce vita – so verheißungsvoll klingt das, als wären diese beiden kleinen Worte wie die Bilder, die sie begleiten, vollgesogen mit dem ganzen Repertoire deutscher Italiensehnsucht. Eine immer strahlende Sonne scheint in ihnen, dunkelblausamtige Sommernächte verströmen ihre Düfte, Pinien, alte Mauern, schöne Menschen auf Plätzen mit plätschernden Brunnen, fröhliches Lachen und Stimmengewirr an langen, mit allen Köstlichkeiten der italienischen Küche beladenen Tafeln, beschwingt singende Kellner und ausgelassene Kinder… – Bilder, die erzählen von einer Daseinslust, einer sinnenfreudigen Leichtigkeit des Seins, von der wir nur träumen können. Und auf die Italien das Patent zu haben scheint. Als könnte dieses chronisch krisengeschüttelte Land im Süden Europas die Phantasien der gesamten nördlichen Hemisphäre ausstatten mit glücklichen Bildern vom sorglos genossenen Leben, ist die Marke *dolce vita* längst zum italienischen Exportschlager geworden. Und wir, die Bewohner eines reichen, aber chronisch besorgten Landes, in dem dieses Gut eine besonders knappe Ressource zu sein scheint, sind seine dankbaren Hauptabnehmer.

Unzählig die Seiten im Netz, in denen sich deutsche Restaurants, Bistros, Cafés, Hotels, Wellnesstempel, Modelabels und Sprachkurse mit dem Namen »Dolce Vita« Zugang zur deutschen Italienliebe verschaffen. Als hätte man damit die ultimative Zauberformel für alle möglichen Arten des Wohlbefindens und Genießens gefunden, sind die Lizenzen für den massenhaften Vertrieb der Marke fest in deutscher Hand.

Und die Italiener selbst, die sehr realen Bewohner dieses imaginären Landes? Was verbinden sie mit dem Begriff *dolce vita*? Fragt man sie, antworten Römer in der Regel: »Fellini« oder »Marcello Mastroianni«, seltener, aber dann mit verklärtem Blick: »Anita Ekberg«.

Zugegeben, die Italiener lieben das Kino, und die Römer, den verblichenen Glanz von Cinecittà im Rücken, lieben es mehr als alle andern und besonders dann, wenn der Film von Fellini ist, in Rom spielt und ihr geliebter Marcello Mastroianni den Helden gibt. Aber wo, bitte, bleibt das Leben? Sollte die unerhörte Karriere, die das Wort *dolce vita* in den Köpfen der Deutschen gemacht hat, sich als reine Schaumgeburt der Kinoleinwand entpuppen? Wäre es so, würde sich die suggestive Ausstrahlung dieses Begriffs einem handfesten Missverständnis verdanken.

Glamouröse Hauptstadt des Hedonismus

Denn Fellinis Meisterwerk *La dolce vita* ist alles andere als eine Feier des Lebens. Es ist ein denkbar sarkastisches Gesellschaftsporträt der späten fünfziger Jahre, jener nach dem Krieg zu schnellem Wohlstand gelangten Epoche, in der Rom mit seinem exzessiven Nachtleben, seiner Promikultur und seinen zahllosen Paparazzi zur glamourösen Hauptstadt des Hedonismus avancierte.

Abgestoßen und fasziniert zugleich erzählt Fellini vom »süßen Leben« der römischen Reichen und Schönen, ihrem mondänen Luxus, ihren dekadenten Vergnügungen und Ausschweifungen, ihrer Lebensgier –

und der Leere, die den ganzen Trubel grundiert. Er beobachtet ihr Treiben auf der eleganten Via Veneto mit ihren überfüllten Bars und Straßencafés und lässt in ihren ewiggleichen Partys, ihren gelangweilten Orgien in aristokratischem Ambiente das bodenlose, ja zynische Lebensgefühl einer zu schnell reich gewordenen Gesellschaft aufscheinen, der jede Orientierung abhandengekommen ist – Rom als die große Hure Babylon.

Dem Skandal, den sein Film 1960 bei seinem Erscheinen in Italien auslöste, begegnete Fellini so gelassen wie dem Vorwurf der Amoralität: »Mein Film ist keusch, er beschreibt das Böse, ohne sich darin zu gefallen.« Bei aller filmischen Keuschheit aber unterschlägt sein vielfach preisgekröntes Meisterwerk nicht die verführerische Seite des glamourösen Treibens. Mit Anita Ekbergs ekstatischem Bad in der nächtlichen Fontana di Trevi hat *La dolce vita* nicht nur im kollektiven Gedächtnis der Römer, sondern auch auf dem Olymp aller Cineasten Platz genommen.

»Freilichtkino« Italien

Wie aber ist es Fellinis ironischem Filmtitel gelungen, sich aus dieser mythischen Verklammerung zu lösen und ein Eigenleben zu entwickeln, das auch weniger sündigen Phantasien erlaubt, sich in ihm einzunisten? Wie konnte das Bild vom süßen italienischen Leben jene Unschuld zurückgewinnen, die es jetzt zum so vielseitig verwendbaren Objekt deutschen Begehrens macht, und was hat es auch die schlimmsten Attacken der Realität so gut wie unbeschadet überstehen lassen? Denn weder die Tatsache, dass dieses liebenswerte Land schon viel zu lange von einem populistischen Medienmilliardär regiert wird, noch das zerstörerische Wirken von Mafia, Camorra und Consorten, weder die allgegenwärtige Korruption und die dschungelartige Bürokratie noch die ständigen Streiks und das marode Verkehrssystem, um nur einige der italienischen Übel zu nennen, konnten unsere Italienliebe nachhaltig erschüttern.

Ist diese Liebe blind? Unbelehrbar? Süchtig gar?

Brauchen wir dieses »Allerwelts-Arkadien«, unser »Freilichtkino« Italien, fragt Enzensberger, weil wir hier »unsere Defekte kompensieren und Illusionen tanken können«? Dass uns gerade dieses ins Chaos verliebte, in allen Farben des Lebens schillernde Land so anhaltend fasziniert, erzählt uns vielleicht mehr

über uns, als wir wissen wollen. Gleichzeitig aber bietet es großzügig und zuvorkommend an, uns vorübergehend von uns selbst zu erholen und aufzublühen in einer anderen Lebensluft.

Existenzielles Gefühl des Angekommenseins

Nirgendwo sonst aber sind all die Widersprüche und Paradoxien, der ganze Zauber und die Anziehungskraft dieses fehlerhaften Paradieses auf kleinerem Raum beieinander zu finden als in Rom, der Stadt aller Städte, deren Magie im Laufe der Jahrhunderte so viele Deutsche erlegen sind. Ihr prominentestes Opfer Goethe war nur einer der vielen Rom-Enthusiasten, die kamen und nie wieder weg wollten: »Nun bin ich hier und ruhig und, wie es scheint, auf mein ganzes Leben beruhigt.«

Woher rührt dieses existenzielle Gefühl des Angekommenseins, das so viele Besucher Roms erfasst? Ist es die tausendfach beschriebene, in ihren Ruinen, ihren Kirchen, Palästen und Plätzen, ihren Gärten, Brunnen und Gassen sedimentierte und immer von neuem überwältigende Schönheit dieser Stadt? Die Allgegenwart von Geschichte, der Hauch von Ewigkeit, der über allem liegt? In Rom scheint jeder Stein dem Besucher zu sagen, dass es unsere Geschichte ist, die sich hier einem abendländischen Palimpsest gleich vor uns ausbreitet und darauf wartet, immer von neuem entziffert zu werden. Wie ein vielschichtiger, vielstimmiger Text, in den die Gedanken eingeschrieben sind, die Europa über Räume und Zeiten hinweg gedacht und geträumt hat, spricht diese Stadt zu dem, der zu hören versteht.

Auch wenn Verkehrschaos und Touristenströme ihre zivilisierende Kraft heute gehörig schwächen, der zeitlose Zauber dieser Stadt tut seine Wirkung wie eh und je. Ihm erliegen sowohl die Fremden als auch die Römer selbst immer von neuem. »Warum«, fragt die Römerin Franca Magnani, »zieht es die Menschen so unwiderstehlich in diese lärmende, chaotische Stadt?«

»Das verführerischste Durcheinander der Welt« nennt der Schriftsteller Ennio Flaiano, Drehbuchautor von *La dolce vita*, die Hauptstadt seines Landes und bekennt: »Man lebt in dieser allzu schönen Stadt, indem man sie liebt, sie verflucht, sich täglich vornimmt, sie zu verlassen – und dennoch bleibt.« So sprechen Liebende von der Frau, der sie trotz ihrer Fehler mit

Haut und Haar verfallen sind, und die Römer nehmen sich viel Zeit, die Vorzüge ihrer kapriziösen Geliebten in vollen Zügen zu genießen.

Schließlich lernt man nirgendwo besser als in Rom, Zeit zu haben und zu flanieren. Keine andere Metropole der Welt ist ihren Bewohnern wie ihren Besuchern eine so reiche, so opulent ausgestattete Freiluftbühne für Vergnügungen und Auftritte aller Art. An warmen Sommerabenden erscheint die historische Altstadt wie eine große, magisch ausgeleuchtete Open-Air-Veranstaltung mit freiem Eintritt. Überall auf den Plätzen, in den Gassen, um die Brunnen herum wird geplaudert, geflirtet und gelacht, man trifft sich und schlendert zusammen weiter, trinkt ein Glas Wein oder einen *caffè*, isst gemeinsam zu Abend in einem der unzähligen Restaurants, die überall die Plätze und Gassen säumen, oder tobt sich bis spät in die Nacht in den Strandbars von Ostia aus.

Dass ein großer Teil des römischen Nachtlebens auf der Straße stattfindet, erklärt vielleicht, warum es im hedonistischen Rom weniger Discos und Nachtclubs gibt als in jeder anderen europäischen Großstadt. Es scheint, als sei ihre Stadt den Römern Attraktion genug, abends auszugehen, sich zu zeigen und jede Menge Spaß zu haben. *Dolce vita alla romana?* Die Römer würden es so nie nennen, doch unserem Bild vom süßen italienischen Leben kommt der ganz in der Realität angesiedelte Zauber solcher römischen Sommernächte schon sehr nahe.

Schule der Wahrnehmung

Was beiträgt zum einzigartigen urbanen Flair der Stadt, ist die vielgerühmte Eleganz der Römerinnen und Römer, eine sehr selbstverständliche, lässige Art der Eleganz, die keineswegs den Reichen vorbehalten ist. Sie lässt vermuten, dass das Leben inmitten von so viel Schönheit und historischer Pracht für ihre Bewohner eine tägliche Schule der Wahrnehmung und des Geschmacks ist. Wo sonst käme man so beiläufig in den Genuss einer permanenten Erziehung aller Sinne wie in dieser Stadt? In einem ästhetisch so verfeinerten Klima gedeihen Augenmenschen, Menschen mit einem ausgeprägten Gefühl für die Form und dem starken Bedürfnis, in jeder Situation *bella figura* zu machen.

Die Neigung, sich mit viel Kreativität bevorzugt um die schönen und sinnlichen Dinge des Lebens zu kümmern, schlägt sich ganz unverkennbar in dem nie-

der, was dieses Land mit Erfolg in alle Welt exportiert: Kulinarik, Geschmack, Architektur, Mode und Design.

In Deutschland sind diese Exporte auf besonders fruchtbaren Boden gefallen. Ist nicht zusammen mit italienischer Küche und italienischen Möbeln, italienischen Schuhen und Textilien, italienischer Mode, Architektur und Musik immer auch ein Hauch Hedonismus, ein Hauch Leichtigkeit und Lebensgenuss in unsere von Haus aus nicht allzu sinnliche Kultur eingewandert? Man erinnere sich nur: Wie haben wir gewohnt und gegessen, bevor italienische Küchenchefs und Designer uns gezeigt haben, wie man besser essen und schöner wohnen kann?

Natürlich haben diese kulinarischen und ästhetischen Lektionen aus dem Süden in uns immer auch die Hoffnung genährt, zusammen mit dem *latte macchiato* im Straßencafé einen Hauch mediterraner Lebenskunst und Leichtigkeit zu importieren. *Das Dolce-Vita-Prinzip* heißt ein Bestseller, der versucht, die Ingredienzen italienischer Lebenskunst zu sortieren und in handlichen Lebenshilfeportionen unter die Deutschen zu bringen, nicht ahnend, dass schon im Titel das tragische Scheitern dieses Kulturtransfers beschlossen liegt.

Es hat uns immer schon geschwant, dass die von uns so beneidete italienische Daseinslust, ihr tendenziell krisenfestes Ja zum Leben samt seinen Zumutungen käuflich nicht zu erwerben ist. Ihre mit dem Chaos, den Paradoxien und der Unberechenbarkeit des Lebens rechnende Lebenskunst setzt wohl Talente voraus, die auf der Welt nicht ganz gleichmäßig verteilt sind.

»Die Italiener haben eine *bella natura*, ein schönes Naturell«, meint der Römer Marcello Mastroianni. »Sie sind geborene Lebensphilosophen.« Und mehr noch vielleicht als die Schönheiten der Landschaft und die gute Küche ist es jene *bella natura* der Italiener, die schöne Gewohnheit, den Dingen des Daseins ihre Schwere zu nehmen, die uns bewogen hat, unsere *dolce-vita*-Träume in dieses fehlerhafte Paradies zu verlegen. In das Land, in dem das Leben sich anders anfühlt. ☙

URSULA KELLER, geboren 1940 in Łodz, studierte Germanistik, Romanistik und Philosophie. Sie arbeitete viele Jahre als freie Journalistin und Dramaturgin. Von 1992 bis 2005 leitete sie das Literaturhaus Hamburg. Ursula Keller veröffentlichte u. a. im Suhrkamp Verlag und im Fischer Taschenbuchverlag.

»DAS GANZE ALTERTUM IN EINS«

⁓ JOHANNES SALTZWEDEL ⁓
über Wilhelm von Humboldt in Rom

Erwartungsvoll, still, dabei innerlich jubelnd –

vorhergehende Doppelseite:
Blick zur Peterskirche in Rom,
Zeichnung von Franz Horny, 1820

kaum ein Besucher ist je mit so vielen Empfindungen zugleich in Rom eingetroffen wie Wilhelm von Humboldt. Endlich! Fünf Jahre zuvor hatten ihm Napoleons Feldzüge die erhoffte Reise vereitelt; nun gab es sogar einen Auftrag für den Berliner Intellektuellen. Zwar brachte der Posten als ständiger diplomatischer Vertreter Preußens beim Heiligen Stuhl nicht sehr viel ein, doch darum sorgte sich der wohlsituierte 35-Jährige kaum. Geistige Harmonie, Bildung im idealen Sinn und die Aura lang versunkener Heldenzeiten, das zog ihn hierher; an Goethe, sein Vorbild als Rombesucher, hatte Humboldt kurz vorher geschrieben, er freue sich auf »eine neue Lebensepoche«.

Mit dem Anblick der »unsäglichen Menge von Türmen« war das Ziel in Sicht; am 25. Oktober 1802 langte die Kutsche bei der Porta del Popolo an. Dort wartete gute Nachricht: Humboldts Vorgänger hatte als erste Absteige das hochgelegene »Casino« der großen Villa Malta am Pincio gemietet. Im bunt gemischten Quartier rings um die Spanische Treppe lebte die Mehrzahl der Ausländer, darunter etliche Deutsche und viele Künstler, fast wie in einer Kolonie beisammen.

links: Wilhelm Freiherr von
Humboldt, Stahlstich von
J. L. Raab nach Franz Krüger, 1840
rechts: Caroline von Humboldt,
Porträt von Gottlieb Schick, 1804

Humboldt sinnierte ins Weite: »Vielleicht halten mich diese Mauern, bis mich die Pyramide des Cestius empfängt.«

Auf ersten Spaziergängen genoss er die Stille und ländliche Atmosphäre inmitten der angeblichen Metropole mit ihrer weithin intakten Befestigung, den Aurelianischen Mauern. Südlich des Kolosseums, auf dem Aventin und dem Caelius, auch östlich der Diokletiansthermen tauchten zwischen Gärten und Äckern nur noch einzelne Häuser oder antike Ruinen auf. 120 Mönchs- und 51 Nonnenklöster gaben dem Leben der Stadt einen besonderen Rhythmus. Aus der Nähe allerdings kamen bald »Erbärmlichkeit über Erbärmlichkeit« zum Vorschein. Humboldts Frau war ebenso ernüchtert: »Der Schmutz auf den Straßen ist auch meistenteils daran schuld, daß Rom einem mißfällt… Allen Staub und Schutt aus den Häusern, alle Abgänge aus den Küchen wirft man auf die Straße. Dann das unsägliche Elend, die zahllosen Bettler, ich kann ihnen nicht sagen, einen welch trostlosen Anblick diese geben. Die Teuerung ist unsäglich. Das erste Bedürfnis des Lebens, Brot, kann das Volk nicht mehr essen.«

Tatsächlich war Rom in Bedrängnis: Frankreichs Regime im Norden Italiens setzte dem eben erst wiederhergestellten kleinen Kirchenstaat gewaltig zu. Monatlich musste Papst Pius VII. etwa 90.000 Taler an Frankreich abtreten; horrende Preise machten auch Begüterten zu schaffen. Die Lage komme »wirklich einer Hungersnot äußerst nah«, berichtete Humboldt im Dezember 1802 an Schiller. Zudem war der neue Wohnort über den aktuellen Engpass hinaus gewöhnungsbedürftig. Anders als in Paris, wo die Humboldts noch vor kurzem gelebt hatten, bot sich hier beispielsweise neben echten Sehenswürdigkeiten fast immer der Anblick trocknender Wäsche. »Von einem elenden, schmutzigen, mit elenden Häusern bebauten Platze erblicken Sie die Vorhalle des Pantheon… So ist alles in Rom«, berichtete Caroline.

Inmitten der Engpässe hatte sie nun den Alltag zu organisieren, anfangs sogar mit geliehener Kleidung. Immerhin umfasste der Diplomatenhaushalt etwa ein Dutzend Personen: Mit den Eltern waren die Tochter Caroline (10), ihre Brüder Wilhelm (8) und Theodor (5) sowie die Schwestern Adelheid (2) und Gabriele (8 Mo-

Serie von vier Ansichten von Rom aus dem Turm der Villa Malta
von Johann Christian Reinhart, 1829–1835. Blick nach Osten

Blick nach Süden

nate) zu versorgen; zwei deutsche Bedienstete, italienische Mädchen, der Gehilfe Francesco und der Koch
Antonio kamen hinzu. Aus Deutschland war der Hauslehrer mitgereist, Friedrich Wilhelm Riemer. Dummer-
weise versuchte dieser begabte und ehrgeizige, aber
zwischenmenschlich unbeholfene Philologe bald nach
dem Einleben ausgerechnet mit seiner Arbeitgeberin
eine Affäre zu beginnen. Eine Weile ertrug Caroline
von Humboldt lächelnd das Schmachten des glotzäu-
gigen Junggelehrten, doch als Riemer der mit Männern erfahrenen Dame zu Füßen fiel, war Schluss.
Ersatz zu finden erwies sich als schwierig, und so
blieb es bis 1805 bei Zwischenlösungen (der angefragte
Schiller nannte einmal sogar seinen Landsmann »Dok-
tor Hegel« als möglichen Kandidaten); oft unterrichte-
ten daher die Eltern selbst.

Ihre Kinder hatten längst angefangen, die Umge-
bung zu erobern: In der Villa Malta lebte zum Beispiel
die dänische Schriftstellerin Friederike Brun, deren
Töchterchen gern mit der kleinen Caroline von Humboldt und ihren Geschwistern spielte. So »luftig und
kalt« es im »Casino« werden konnte, alle genossen
»aus unseren Fenstern und von einer Terrasse, die an
unsere Zimmer stößt, die Aussicht auf ganz Rom«,
wie die Hausherrin schwärmte. Seit Jahren wohnte der
Kunsthistoriker Karl Ludwig Fernow hier; von seinen
Kenntnissen profitierte Wilhelm von Humboldt bei ge-
meinsamen Gängen durch die Stadt. Fernows »inter-
essante Büchersammlung« enthielt zur Freude des
Sprachforschers Humboldt einiges über »die verschiedenen Dialekte« und grammatischen Eigenarten des
Italienischen. Auch mit dem nüchternen, aber hochge-
lehrten dänischen Koptologen und Altertumskundler
Johann Georg Zoëga konnte man wissenschaftlich dis-

kutieren. Caroline von Humboldt hatte sich rasch mit
Frau Fernow, einer gebürtigen Italienerin, und weiteren Damen angefreundet; bald war bei ihr ein »Kreis
von Deutschen«, vorwiegend Künstlern, zu abend-
lichen Teerunden versammelt.

»Überhaupt hätte man unrecht, Rom eine schöne Stadt zu nennen«

Im Januar 1803 änderte sich die Adresse: Die Bot-
schaftswohnung im nahegelegenen Palazzo Tomati,
Via Gregoriana 42, war frei. Wenige Schritte vom Platz
oberhalb der Spanischen Treppe entfernt, gleich neben der bei Künstlern beliebten Pension der Witwe
Buti, kam die Familie nun einigermaßen standesgemäß
unter; ein Bad allerdings konnte Humboldt erst im
Sommer 1804 einbauen lassen (»gewölbt, mit gemal-
tem Plafond«). Doch Rustikalitäten nahmen seine Familie und er inzwischen gelassen. Weit mehr beschäf-
tigte den anpassungsfähigen Kopfmenschen der Ort
insgesamt: »Überhaupt hätte man unrecht, Rom eine
schöne Stadt zu nennen, sie hat kaum einzelne schöne
Teile, nur schöne und große Stücke«, bekam Schiller
zu lesen; in den engen Straßen herrsche erfreulicher-
weise »große Volksleere«. Sein Fazit: »Rom hat mich
auf alle Weise gefesselt … Hier ist alles, was mich umgibt, belebend und erweckend; ich bin fruchtbarer in
Ideen.«

Unentwegt hätte Humboldt den immensen Frei-
lichtpark europäischer Vorzeiten durchstreifen mögen,
hätte nicht sein Dienstauftrag ihn daran gehindert.
»Einige Tage in der Woche« gingen trotz geschickter
Zeiteinteilung mit Amtsgeschäften verloren, bisweilen
fluchte er geradezu über das »ewige Herumfahren« zu

Blick nach Westen

Blick nach Norden

Höflichkeitsbesuchen. Aber seine von Berlin diktierte Pflicht nahm der Gesandte im Rang eines Geheimen Legationsrats sehr ernst: den Papst als weltlichen Fürsten zu behandeln, der sich nicht in Preußens Angelegenheiten mischen dürfe, in Memoranden die Lage zu schildern, vor allem aber Einzelfälle zu lösen – und wenn es nur darum ging, vom Papst persönlich gesegnete Rosenkränze zu bekommen. Eigenhändig chiffrierte und dechiffrierte er die Korrespondenz; jede neue politische Wendung wollte analysiert sein.

Es ging dabei um mehr als die Beobachtung napoleonischer Machtspiele. 1803 hatte Humboldt auch die Säkularisation des geistlichen Besitzes in Preußen vor der Kurie zu vertreten. Nebenbei Geschäftsträger für Hessen-Darmstadt und mit manchem Sonderwunsch betraut, war er selbst für die Bewohner des Kantons Neuenburg zuständig, der zu Preußen gehörte; als er im April 1806 zum bevollmächtigten Minister Preußens beim Heiligen Stuhl ernannt wurde, sanken bei besserem Gehalt nicht die Anforderungen. Dennoch bekam Frau Caroline, die mit dem böse kränkelnden Sohn Theodor und der ältesten Tochter schon Anfang März 1804 für fast ein Jahr nach Norden fortgereist war, Beruhigendes zu hören: »Meine Geschäfte, weißt Du, stören mich nie sehr. Ich schreibe oft und denke an ganz etwas anderes.«

Philosophie der Ruinen

Aber woran? So inständig Humboldt in Briefen den Zauber Roms beschwört, Präzises ist ihnen selten zu entnehmen. Schiller liest: »Daß man diese Plätze so still und einsam, als wanderte man in einer zerstörten Stadt, genießen kann, das gibt, mit dem Anblick der alten Ruinen verbunden, ein so wunderbares Gefühl, als sähe man auch schon jene neueren Gebäude in Trümmer sinken.« Roms ungeheurer Eindruck überstrahlt alle früheren Arbeitspläne. Für seine emsige Lektüre antiker Dichter und Historiker, natürlich im lateinischen oder altgriechischen Original, legt Humboldt ein dickes privates Register über Personen, Orte und Ereignisse des Altertums an. Die neue Faszination färbt sogar sein theoretisches Interesse. So angeregt er Schellings *Vorlesungen über die Methode des akademischen Studiums* liest – gerade angesichts der Ewigen Stadt wird ihm fatal bewusst: »Wir sind einmal ein reflektierendes und sentimentales Geschlecht.« Er beginnt davon zu träumen, ein philosophisches »System zu gründen, an das sich die Fülle des Lebens und das reale Dasein näher und enger anschlösse«; eine Methode, bei aller denkerischen Hellsicht »menschlich zu sein bis ins tiefste Fleisch«.

Auch abseits der Studierstube übt er das still-produktive Staunen. »Man wird von der Natur, dem Lande, der Kunst, den Erinnerungen angezogen, daß man total darüber die Menschen vergißt.« Erst Ende März 1804, nach Carolines Abreise, besichtigt er intensiv die Sixtinische Kapelle und die Peterskirche, während er die »Langeweile der kirchlichen Funktionen und die mir in den Tod verhaßte Musik…, alle diese ultramontanen Unholde« geflissentlich meidet. Theater zu besuchen oder ähnlicher Zeitvertreib reizt ihn ohnehin nicht. Stattdessen vertieft er sich schon zum Frühstück und Tee selbstbildnerisch in Tasso, Ariost oder Dante; abends kommen die Alten wie Livius an die Reihe, zuletzt folgt möglichst ein Abendspaziergang, zum Beispiel auf den nahen Monte Cavallo vor dem Quirinalspalast oder bis zum Kapitol.

Forum Romanum, Radierung von Josef Anton Koch, um 1810.
Aus der Folge *Römische Ansichten*

Dem besitzfrohen Goethe beichtet Humboldt: »Mit Aufsuchen, Kaufen, Sammeln, mein Liebster, worauf Sie halten, bin ich unglücklich, und es ist mir hierin auch nicht das kleinste bis jetzt vorgekommen.« Im Jahr darauf heißt es lapidar: »In die Museen und Galerien komme ich selten.« Viel lieber inhaliert Humboldt die Stadt, sucht Genüsse immaterieller Art. Anblicke und Durchblicke fesseln ihn; das einzigartige Sonnenlicht auf Bergen in der Ferne wird ein Symbol antikischer Harmonie.

Schatten um die Pyramide

»Rom ist der Ort, in dem sich für unsere Ansicht das ganze Altertum in eins zusammenzieht«; zugleich ist »der Naturgenuß reiner, von aller Dürftigkeit entfernter Kunstgenuß« – mit Wissenschaft haben derlei Projektionen nichts zu tun. Dass ein gewisser Carluccio, der ein großes Modell des Kolosseums baut, an Ort und Stelle nachgraben lässt, ist Humboldt ein Gräuel; Archäologen stören für ihn bloß, was das Schicksal verfügt hat. Sein Fazit: »Ich kenne für mich nur noch zwei gleich schreckliche Dinge, wenn man die Campagna di Roma anbauen und Rom zu einer polizierten Stadt machen wollte, in der kein Mensch mehr Messer trüge ... Nur wenn in Rom eine so göttliche Anarchie und um Rom eine so himmlische Wüstenei ist, bleibt für die Konturen Platz, deren einer mehr wert ist als dieses ganze Geschlecht.«

Oft jedoch wird die einsame Suche nach den Konturen der Vergangenheit durch das Geplauder gegenwärtiger Gäste übertönt. Von der ruhelosen Madame de Staël mit ihrem Begleiter August Wilhelm Schlegel bis zu Samuel Taylor Coleridge, von Paul-Louis Courier über Karl Friedrich Schinkel bis zu den Brüdern Tieck – ansässige Maler und Bildhauer wie Thorwaldsen oder Canova gar nicht mitgezählt: Von allen wird Humboldt ins Gespräch gezogen. Mehrere Salons zählen auf sein Kommen; fürstliche Touristen aus Sachsen-Gotha, Mecklenburg und Bayern, ebenso der liebenswürdige Lucien Bonaparte verlangen nach Gesellschaft. 1805 ist dann auch noch Alexander von Humboldt, der unlängst von seiner großen Südamerika-Expedition heimgekehrte Bruder, zweieinhalb Monate lang Gast in Rom.

Sommers, wenn das politische Geschäft abebbte, mietete die Familie nach Möglichkeit ein Feriendomizil in den Albaner Bergen. Als Humboldt im Juli 1804 von Marino aus mit seinem Dollond-Fernrohr die Cestius-Pyramide anvisierte, tat er es bereits im Gedenken an den schwersten Schicksalsschlag seiner römischen Jahre, ja seines ganzen Lebens: Am 15. August 1803 war im nahen Ariccia der Lieblingssohn Wilhelm neunjährig nach plötzlichem Fieber gestorben. Gleich neben der Pyramide ließen die untröstlichen Eltern dem Kind eine Säule als Grabmal errichten; ihm sei »alle Sicherheit des Lebens genommen«, klagte Humboldt, er fühle sich plötzlich »einheimisch in zwei Welten«. So gern

Stadt der Trümmer! Zufluchtsort der Frommen!
Bild nur scheinst du der Vergangenheit;
Pilger deine Bürger, nur gekommen,
Anzustaunen deine Herrlichkeit;
Denn vor allen Städten hat genommen
Dich zum Thron die allgewaltge Zeit.
Dass du seyst des Weltenlaufes Spiegel,
Krönte Zeus mit Herrschaft deine Hügel.

[...]

Denn, ein Abglanz göttlicher Gedanken,
Reisset, theilend keines Ird'schen Loos,
Aus der Alltagsbilder irrem Wanken
Plötzlich, still verklärt, Gestalt sich los.
Grösse, die nicht Wandel kennt, noch Schranken,
Ruht in ihrer Züge tiefem Schooss;
Was dem Geist entflieht, als reine Wahrheit,
Strahlt aus ihr in hoher Sinnenklarheit.

So erwuchsen durch der Gottheit Segen
Diese Hügel in der Horen Tanz.
Was die Brust kann Grosses je bewegen,
Hängt an ihrer Gipfel heit'rem Glanz,
Um die sich der Menschheit Loose legen,
Wie um Heldenstirn ein Lorbeerkranz.
Welcher Laut hat menschlich je geschallet,
Den die Vorzeit hier nicht wiederhallet?

WILHELM VON HUMBOLDT,
Rom. An Frau Wollzogen gebohrne von Lengefeld,
Berlin 1806, Verse 57–64, 465–480

Wilhelm Freiherr von Humboldt,
Zeichnung von Johann Gottfried Schadow, 1802

Protestantischer Friedhof *Cimitero Acattolico* in Rom. Im Hintergrund die Cestius-Pyramide. Radierung von Wilhelm Friedrich Gmelin, 1830. Als Grabmal seines Lieblingssohnes Wilhelm wählte Humboldt eine schlichte Säule wie die im Bild rechts

er Rom hatte, diesen Verlust sollte der Vater nie verwinden. Schillers Tod 1805, Preußens vernichtende Niederlage bei Jena und Auerstedt im Oktober 1806, selbst der qualvolle Tod des kleinen Nachkömmlings Gustav in Rom im November 1807 – nichts hat den äußerlich kühlen, innerlich hochsensiblen Denker je wieder so erschüttert.

Mit großen, schwermütigen Essays über *Latium und Hellas* oder, als Echo auf Schiller, einer *Geschichte des Verfalls und Untergangs der griechischen Freistaaten* versuchte Humboldt fortan, die Unbill der Zeit von sich abzuhalten: Schon Anfang 1806 war sein Bild der Stadt, die er »mit Willen nie verlassen« wollte, zu einem langen Gedicht geronnen. In dieser Übung, »gewissermaßen mich selbst abzuschreiben«, erschien Rom als Inbegriff der klassischen Antike, ja von Schicksal und Bildung überhaupt. Dass der schwermütige Diplomat im September 1807 dann doch um Urlaub von seinem Posten einkam, hatte vorwiegend familiäre Gründe: Humboldts Schwiegervater wollte das Erbe ordnen.

Überdies verdüsterte sich der politische Himmel: Im Februar 1808 wurde die Stadt des Papstes, durch das napoleonische Regiment in Neapel zur Enklave

degradiert, nach zehn Jahren erneut von französischen Truppen besetzt. Humboldt, dessen Diensttätigkeit damit nahezu belanglos geworden war, hoffte trotzdem, nur »sechs bis neun Monate« in Deutschland verbringen zu müssen. Es sei kein leichter Abschied, »wenn man von allem scheidet, was man liebt«, gestand er dem letzten Hauslehrer der Kinder, dem Philologen Friedrich Gottlieb Welcker, als er (samt seinem widerspenstig-trägen Sohn Theodor) Mitte Oktober »den großen Schritt über Ponte Molle getan« hatte.

Er ahnte nicht, welch bedeutende Aufgaben ihn in Berlin erwarteten, erst recht nicht, dass er Italien nie wiedersehen würde. Nur seine zurückgebliebene Frau Caroline, die 1809 noch den Sohn Hermann zur Welt brachte – er wurde in Ermangelung protestantischer Pfarrer im Petersdom getauft – und erst im folgenden Jahr mit zwei fröhlich italienisch plaudernden Töchtern und dem Kleinen nach Norden aufbrach, sollte in den Jahren 1817 bis 1819 noch einmal an den Tiber zurückkehren. Was immer sie von dort ihrem nun in London tätigen Gatten mitteilte – Tonart und Grundüberzeugung blieben gleich: »Ach, wärest Du hier! Tiefer wie Du hat niemand Rom begriffen.« ℭ

JOHANNES SALTZWEDEL
studierte Germanistik, Philosophie und Geschichte in Tübingen und Oxford. Er ist Redakteur beim *Spiegel.* Im Herbst 2010 erscheinen gesammelte Studien und Essays unter dem Titel *Finderglück. Mäßig unzeitgemäße Betrachtungen* bei Zu Klampen.

40°

*Ein 12-jähriges Mädchen interessiert sich
in der Hitze für anderes als Ewigkeit*

ʒ ZOE GLESS ʒ

Rom schmeckt nach Sauna,

die Hitze ist geradezu unzumutbar. Jedenfalls, wenn man, wie wir, im Juli da ist. Der Mund wird trocken, die Nase kribbelt, die Brille rutscht. Der ganze Körper klebt. Im Colosseum haben wir uns mittags Mineralwasser über den Kopf und die Arme gegossen. Nach ein paar Minuten war alles wieder trocken. Auch die Haare. Die Hitze kann einem Rom verderben. Einen Tag nachdem wir wieder abgefahren sind, hat das Hotel Sommerpause gemacht. Jetzt weiß ich, warum! Wer kommt schon im Sommer nach Rom? Wir.

Durch die Hitze wurde alles unangenehm und bald auch anstrengend. Wenn ich das Kolosseum bei 20 Grad weniger besichtigt hätte, wäre es bestimmt spannender gewesen. Oder die langen Wege von der einen Sehenswürdigkeit zur anderen! Aber so: Rom war für mich wie ein Film, den ich nur nebenbei schaue. Am Tag suchten wir uns oft ein kleines Café, nur um kurz Wasser zu trinken und zu verschnaufen. Nachts haben wir bei offener Balkontür geschlafen. Das war laut, aber immerhin wehte etwas Luft ins Hotelzimmer.

Irgendwie fing die Reise schon am Flughafen in Rom merkwürdig an. Kurz vor dem Ausgang sprach ein Typ Papa an, schwarze Hose, weißes Hemd und Sonnenstudiohaut. Er wollte uns eine Taxifahrt in die Stadt verkaufen. 70 Euro für die Fahrt vom Flughafen bis zum Hotel. Er tat so, als wäre das ein super Angebot. Doch Papa ließ sich darauf nicht ein. Er fragte draußen den ersten Taxifahrer in der Reihe nach seinem Preis: 40 Euro. Rom wimmelt nur so von Gaunern. Einmal stiegen wir am Petersplatz in ein Taxi, und der Taxifahrer fuhr los, ohne das Taxameter anzuschalten. Als Papa darauf bestand, wurde er sauer. Die Fahrt wurde mit Papas Worten »Lea, Zoe, aussteigen!« beendet. Und trotzdem sind die Erinnerungen an Rom in meinem Kopf gefangen. Ich werde die Bilder nicht mehr los. Sie haben so gar nichts mit meinem normalen Leben in Hamburg zu tun. In der Erinnerung spielen die Hitze und die Gauner überhaupt keine Rolle mehr.

Eine große, hohe Kirche. Vor ihrem Eingang stehen massige Säulen, alle durch eine Art Steinzaun verbunden. Links, an der Wand, ein großer, runder Stein mit einem Gesicht und offenem Mund: der *Bocca della Verità*, der Mund der Wahrheit. Früher wurde durch ihn entschieden, ob jemand unrecht oder recht hatte – entweder man verlor seine Hand, oder es geschah nichts. Eine längere Schlange bildet sich davor. Als wir dran sind, bemerken wir ein Schild: »Ein Foto pro Per-

son«, übersetzt mein Vater. Er macht trotzdem drei, vier Fotos, wie meine Schwester und ich lächelnd die Hand in den riesigen Schlund des Steines halten. Und obwohl ich wusste, dass nichts passieren würde, zitterte meine Hand.

Eine enge Einbahnstraße, in der wir nur wenige Touristen sehen, irgendwo hinter dem Kolosseum. Rechts und links kleine Läden. Eine Rahmenhandlung, Restaurants, Schmuckgeschäfte, eine Apotheke mit einem grün blinkenden Kreuz über der Tür. Keine Filialen von großen Ketten, sondern nur Einzelläden. Ein Verkäufer summt vor sich hin, heitere Stimmung. Auf der rechten Straßenseite ein Restaurant. Wir gehen hinein, drinnen ist es düster, vor allem durch den Gegensatz zu der Helligkeit draußen. Rechts hinten vor der Wand ein Tresen, ein paar Tische für zwei bis vier Personen. Einige sind besetzt, Italienisch dringt in unsere Ohren. Vor dem Tresen, an einer langen Tafel, eine römische Großfamilie beim Essen. Sehr laut, sehr fröhlich. Im ganzen Restaurant sind keine Touristen, die Bedienung nimmt auf Italienisch unsere Bestellung auf: dreimal das Tagesgericht, Gnocchi. Als der Teller vor mir steht, bereue ich die Bestellung schon fast, das Essen sieht nach nichts aus, nur ein paar farblose Klöße, dazwischen ein paar rote Tomatenstückchen. Zögernd pikse ich mit der Gabel einen der Klöße auf, lege ihn auf die Zunge und – schmelze dahin. Sie zergehen auf der Zunge. Köstlich!

Auf der Dachterrasse unseres Hotels: Ich sehe Wäscheleinen auf den anderen Häusern. Bunte Stoffstücke bewegen sich schlapp in der lauen Brise. Am Horizont versinkt die Sonne am tiefroten Himmel. Wortfetzen und Stimmen dringen in unsere Ohren. Weit unter uns die Straße, voller knatternder Mopeds und brummender Autos. Auf den Flachdächern gegenüber stehen hohe Antennen, und Kabel hängen wie verirrt in der Luft. Die Fassaden der Häuser sind schmutzig, der Putz blättert ab. Über all diese Stadthäuser hinweg ragt die gigantische Kuppel des Petersdoms. Neben unserem Tisch ein Zitronenbaum, den meine Schwester und ich lange bestaunen.

Eine mächtige Steintreppe mit kunstvollem Geländer führt hinunter zum dunkelgrünen Tiber. Auf halber Treppe ein schlafender Bettler mit einem Sombrero, er versperrt uns den Weg. Die Hände wie beim Beten auf dem Bauch gefaltet, zerrissene Kleidung. Neben ihm sein Besitz: zwei, drei Decken und eine zerbeulte Tasche. Um ihn herum Müllbeutel, eine

Wolke üblen Geruchs umgibt ihn. Wir haben einen anderen Weg genommen, um auf die Brücke nach Trastevere zu kommen.

Papa hat in seinem Reiseführer von einem tollen Restaurant in der Nähe des Hotels gelesen. Wenige Touristen, Geheimtipp der Einheimischen. Skeptisch folgen wir ihm. Es ist schon neun Uhr abends, aber die Straßen sind noch belebt wie am Tag. Papa führt uns durch enge Gassen, vorbei an Eisläden, Boutiquen und Restaurants. Wir sind alle erschöpft von dem anstrengenden Tag; das Pantheon, die Piazza Navona und die Spanische Treppe haben wir bereits hinter uns, alles an einem Tag. Mein Vater hat das Restaurant gefunden, es ist voll. Wir setzen uns nach draußen, sofort kommt ein Kellner und bedient uns. Ich habe Pizza bestellt.

Obwohl ich die gar nicht so gerne mag. Aber ich dachte, in Italien sollte man eben Pizza essen, wenigstens einmal. Meine Pizza Margherita war saftig, frisch, kross – einfach perfekt. Als wir Ende der Woche noch einmal hier essen, erzählt der Kellner uns von dem Restaurant: Sein Vater hat es gegründet, die drei Söhne sind Kellner und Koch. Eine Familie, ein Restaurant.

Wer auch nur ein paar Stunden in Rom ist, merkt sofort: Es gibt kaum Verkehrsregeln, an die sich jemand hält. Wenn ein Polizist zu sehen ist, fahren die Autos noch schneller, und als Fußgänger geht man über die Straße, wann man will. Die Autos fahren auf der Straße, wo sie wollen. Ich habe kein einziges Fahrrad in Rom gesehen, dafür aber ganze Parkplätze voller

alle: Das Mädchen mit dem roten Schirm, auf dem Palatin, am Kolosseum

Mopeds und Vespas. Die sind in Rom so selbstverständlich wie in Deutschland Fahrradständer.

Auf dem Campo dei Fiori verkaufen Händler Taschen, Tomaten, Blumen, Schaffelle, Gewürze und Artischocken. Am Rande des Platzes ein kleiner Laden, vor der Tür stehen Zeitschriftenständer, darin auch deutsche Hefte, was mich überrascht. Sobald wir den Laden betreten, verstummt der Lärm des Marktes. Es ist dunkel und kühl, vor der Wand steht eine alte Kasse, hinter ihr eine dicke Römerin. Sie spricht auf Italienisch mit Papa. Er übersetzt: »Heute haben wir 40 Grad – im Schatten.« Der heißeste Tag bisher im Jahr, sagt sie noch.

Eine grüne Leuchtreklame prangt mit großen Buchstaben über den Eingangstüren: GIOLITTI. Eine *gelateria*. In der Eisdiele drängeln sich viele Leute. Ich bestelle Pfefferminz und Vanille. Die Waffeln haben einen Schokorand, und der Kellner bappt bei mir noch einen Schlag Sahne obendrauf. Endlich halte ich mein Eis in der Hand. Es ist sehr süß und schmilzt sehr schnell. Ich muss mich beeilen, weil es sofort über meine Hand läuft.

Als wir abends vom Restaurant zum Hotel gehen, lenkt Papa uns so, dass wir an einer anderen Eisdiele vorbeikommen. Sie ist klein, und helle Neonlampen hängen von der Decke. Ein eigenartiger Geruch liegt in der Luft, eine Mischung aus gleich-fällt-mir-die-Nase-ab und leckerem Eis. Es ist tatsächlich schon fast kalt in der Eisdiele, kurios bei den Temperaturen draußen. Trotzdem – das Eis ist perfekt, wir besuchen die Eisdiele von nun an jeden Abend.

Meine schönste Erinnerung an Rom ist der Hügel Pincio hinter der Spanischen Treppe. Papa – natürlich mit seinem Reiseführer in der Hand – wollte uns den Park dort zeigen. Also sind wir die ganze Spanische Treppe hochgelaufen, und dann war ich – das muss ich so sagen – im Paradies. Ein Park, der eigentlich auch eine Sehenswürdigkeit ist. Es gibt viel Schatten durch Bäume, und an jeder Ecke sind wunderschöne Blumen gepflanzt. Ein himmlischer Park. Wir setzen uns auf eine mächtige Steinbank, die vor einer grünen Hecke steht. Die Sonnenstrahlen kommen nicht bis hinter die Hecke, endlich sind wir im Schatten. Meine Schwester holt unsere eben gekauften Postkarten aus einer Papiertüte, und wir fangen an zu schreiben – von der Hitze, was wir schon alles gesehen haben, wie schön es hier ist. Mein Vater telefoniert nach Deutschland, meine Schwester und ich machen Fotos vor dem Sonnenuntergang und der Kuppel des Petersdoms. Der Blick über die Stadt ist überwältigend. Überall Häuser. Ich setze mich auf eine Steinmauer und lächle in die Kamera.

Was ich von Rom nicht erwartet hatte, war, dass ich mich von Anfang an zu Hause gefühlt habe. Das lag, glaube ich, nicht nur daran, dass Papa sich auf Italienisch verständigen konnte. Das waren die Menschen. Ich habe noch nie so freundliche und lockere Menschen wie in Rom erlebt. Jedes Mal, wenn wir ein Café ansteuerten, um nur kurz Wasser trinken zu gehen, begrüßten die Kellnerinnen uns herzlich, brachten uns unser Wasser und verschwanden mit einem Lächeln auf dem Gesicht. Und das war kein gespieltes Lächeln, glaube ich. Wir besuchten zweimal dasselbe Restaurant, beim zweiten Mal erkannte der Kellner uns gleich wieder und sprach mit uns, und wir fühlten uns wie Stammgäste.

Das Besondere an Rom waren für mich auch die Stadtmauern: Es gibt auf der einen Seite die Häuser außerhalb der Stadtmauern, hässliche Mietskasernen. Sie sehen sehr einfach gebaut aus, Palmen stehen am Straßenrand. Feiner, rötlicher Staub liegt auf dem Boden, ab und zu sieht man bis zum Horizont nichts. Eine gelangweilte Einöde, und es erinnert eher an eine Wüste als an eine Metropole. Kein Zeichen von Leben. Nur eine vielbefahrene Straße führt durch diese Einsamkeit. Auf der anderen Seite, innerhalb der Stadtmauern, gibt es weltberühmte Sehenswürdigkeiten, kleine Cafés, alte, wunderschöne und bunte Häuser, überall Menschen, Hotels, Plätze und Brunnen, Bänke zum Ausruhen. Und solche Unterschiede auf so wenig Raum habe ich noch nirgendwo sonst gesehen. Es ist eine drinnen-draußen-Welt. Entweder man landet bei den schmutzigen Mehrfamilienhäusern, oder aber man kommt hinter die Stadtmauern und kann sich im bunten Trubel treiben lassen. Entweder – oder.

Das Merkwürdige am Reisen ist, dass die Reise eigentlich erst beginnt, wenn man wieder zu Hause ist. Als ich in Rom war, wollte ich nach Hause, mich erholen. Jetzt bin ich zu Hause und sehne mich nach Rom. Weil die Erinnerungen an Rom immer noch in meinem Kopf sind. ç

ZOE GLESS,
geboren 1998, lebt in Hamburg.

»Rom ist ein Gefäß«

Ein Gespräch mit KARL GALINSKY,
deutsch-amerikanischer Altphilologe, Gedächtnisforscher
und Spezialist für das augusteische Rom

Herr Professor Galinsky, seit wann ist Rom ewig?
Nun, dem Mythos zufolge seit der Gründung, aber die
Idee von der »Ewigen Stadt« kam erst 700 Jahre später.
Der Dichter Tibull schreibt: »*Romulus aeternae non-
dum formaverat urbis moenia.*« Also: »Romulus hatte
die Mauern der ewigen Stadt noch nicht gegründet«
oder »geformt«. Das ist der erste wörtliche Nachweis
für die »Ewige Stadt«. Direkt im Anschluss erzählt Tibull übrigens von dem Vieh, das auf »dem grasbedeck-
ten Palatin« weidet. Ungefähr zur selben Zeit, etwa 20
v. Chr., schreibt Vergil seine *Aeneis,* in der Romulus
auch erwähnt wird. Den Römern, lässt er Jupiter darin
sagen, gebe ich keine Grenzen, ein *imperium sine fine,*
»ohne Ende«, und das kann ebenso zeitlich wie räumlich gemeint sein. Bei Titus Livius taucht die Figur der
»Ewigen Stadt«, etwa zeitgleich, ebenfalls auf.

Romulus aeternae? **Für Nichtlateiner: Heißt die
Formel nicht** *Roma Aeterna***?**
Nein, das *aeternae* bezieht sich nicht auf *Romulus,* sondern auf *urbis,* die Stadt. Daraus wird *urbs aeterna.* Der
Ausdruck *Roma Aeterna* wurde später populär, aber
eine antike schriftliche Quelle des Wortlauts dafür ist
nicht überliefert.

Es geht eher um die Idee als um den Wortlaut …
Genau. Deshalb findet sich die Formel von der »Ewigen Stadt« auch nicht vor der augusteischen Zeit. Davor gab es so viele Bürgerkriege, die Leute hätten gesagt: Nur die Kriege sind ewig. Etwas Wesentliches
wird oft übersehen: Natürlich gibt es literarische Bele-
ge, natürlich gibt es eine Schriftkultur in Rom. Aber
das mit Abstand Wichtigste ist die *oral tradition*. Die
Leute unterhalten sich. Als die *Aeneis* nach den Bür-
gerkriegswirren geschrieben wurde, gab es immer noch
Krisen, niemand wusste, ob die Umgestaltung nach
den Kriegen klappen würde. Es gab Hoffnung, aber
man war weit davon entfernt, ein goldenes Zeitalter zu
preisen. Es gibt nach solchen Krisen ein Innehalten:
Wie konnte es so weit kommen? Wie ziehen wir den
Karren wieder aus dem Dreck? Was bringt die Zukunft? Darüber wurde gesprochen, nicht über das tolle
Roma Aeterna eines Schriftgelehrten. Und doch muss
der Begriff in dieser Zeit mündlich eingewandert sein.
Die Idee dahinter ist ja auch ungeheuer nützlich. *Imperium sine fine* – das meint weniger eine militärische,
sondern in erster Linie eine kulturelle Perspektive. Wir
schaffen etwas, das im Gegensatz zur Kurzlebigkeit der
Dinge während der Republik Bestand haben wird. Der
Begriff ist multidimensional. Das kulturelle Umfeld
zur Zeit des Augustus hat viel damit zu tun.

Inwiefern?
Rom war seit dem frühen Kaiserreich eine Megalopole
von etwa 1.000.000 Einwohnern. Es war eine offene
Stadt. Die Römer waren ja keine Kulturimperialisten,
sie waren »nur« Militärimperialisten. Kulturell haben
sie alles weiterlaufen lassen, die Ägypter sind da, die
Juden, die Syrer, und alle bringen ihre Religionen mit,
zu der augusteischen Zeit haben wir so etwas wie eine
religiöse *shopping mall.* Rom ist multiethnisch, multi-
kulturell, multireligiös. Die Provinzen spielen ent-
scheidend in die Ewigkeitsidee hinein. Das Blickfeld
weitet sich, auf Italien, auf das ganze Mittelmeer und
darüber hinaus. Die Provinzen sind nicht einfach nur
steuerzahlende Anhängsel. Sie wurden auch nie gezwungen, römisch zu sein. Wenn die weiter ihre Kar-
toffelfelder beackern wollten, kein Problem. Damals
ging die Romanisierung von unten nach oben vor sich,
nicht umgekehrt. Vielmehr erkennen die provinziellen
Oberschichten, dass die Strukturen des römischen
Reichs ihnen Möglichkeiten geben. Man reist heute
im Mittelmeer herum und sieht sich die römischen
Überbleibsel an: Die Römer haben nichts aufoktroy-
iert. Bei der Kunst und Architektur kann man die Hy-
bridisierung sehen, von Stadt zu Stadt, von Land zu
Land verschieden, alle lassen ihre eigenen Traditionen
einfließen: *Voilà,* da ist das Rezept für die Ewigkeit.

**Das antike Rom weckt bei den meisten Assoziatio-
nen von Gladiatorenkämpfen, Kreuzigungen und
Sklaventreiberei – und Sie sprechen von einer
modernen, toleranten Gesellschaft …**
Ja, das kann man von dem augusteischen Rom auch
sagen. Es gibt allerdings eine Begriffsverschiebung.
Heute beinhaltet der Toleranzbegriff ein aktives Verhalten. In römischen Zeiten muss man das passiver
verstehen, eher als *Laisser-faire,* als Indifferenz. Die
Römer sagen nicht, wir sind große Menschenfreunde,
aber solange keiner aufmüpft, ist es uns gleich.

So lässt sich natürlich leicht tolerant sein.

Nein, nein, die Römer lassen die Religionen wirklich zu, sie lassen sie gleichzeitig laufen. Das Problem bei den Christen ist: Allmählich stellt sich heraus, dass sie ihre Religion für die einzig richtige halten, all die anderen sind verfehlt. Das ist vollkommen konträr zur Toleranzidee, da können sich die Nicht-Christen ja ausmalen, was passiert, wenn diese Kerle ans Ruder kommen. Nach dem Toleranzedikt von Konstantin im Jahre 313 fangen die Christen an, sich gegenseitig zu verfolgen, aber das ist eine andere Geschichte. Dann geht es weiter bis zu den Edikten des Theodosius ab 380. Da wird das Christentum Staatsreligion, alles andere wird abgeschafft.

Aber es gibt sehr viele Missverständnisse über das frühe Christentum. Statt der Opposition »Christen gegen Römer« gibt es vor allem Koexistenzen – die frühen Christen in Rom waren ja selbst bekehrte Römer oder Griechen. In den Schriften der Kirchenväter steht nichts davon, dass alle früheren Traditionen wegmüssen. Es gibt kein *tabula rasa*, ganz im Gegenteil. Man hat das ganz im Sinne von Jesus verstanden, der im Matthäus-Evangelium sagt: »Ich bin nicht gekommen, aufzulösen, sondern zu erfüllen.« Auf den Wandmalereien der Katakomben, der frühchristlichen Grabstätten, kann man sehen, wie synkretistisch das frühe Christentum war. Da sieht man christliche Erlösungsmotive wie Lazarus und daneben Szenen von Herkules, wie er Alcestis aus dem Hades, der Hölle, zurückholt, man sieht ihn im Garten der Hesperiden, deren Äpfel ewiges Leben versprechen, auch ein Erlösungsmotiv, wenn man so will. Alles geht zusammen.

Um auf Augustus zurückzukommen: Hat er die Idee der »Ewigen Stadt« geprägt?

Eine der großen Leistungen Augustus' war es, dem Imperium einen Zusammenhang und eine Identität zu geben. Er hat ein Gemeinwesen erschaffen, das sich selbst als solches erkannte. Viele Entwicklungen waren im Gange. Viele der aktivsten Römer sind in die Provinzen gezogen, *because that's where the action was.* Augustus, der selbst viele Jahre in den Provinzen verbracht hat, hat das gesehen und sich an die Spitze dieser Entwicklungen gesetzt, er hat sie erfasst und gelenkt. Hier wird etwas kreiert. Es spielt auch das Erbe von Alexander hinein: die Idee des *big tents*, der *oikumene*, man findet sich als *commonwealth* unter dem Dach des großen Lenkers zusammen. Die Römer übernehmen das, und die Provinzen tragen dazu bei. So

»Das Wichtigste ist die *oral tradition*«: drei Musen, Töchter der Erinnerung, im Gespräch. Musensarkophag, römisch, ca. 200 n. Chr.

etwas wie eine repräsentative Demokratie gibt es natürlich nicht, aber es gibt ein Zusammengehörigkeitsgefühl, man nimmt aufeinander Rücksicht. Während all das entsteht, kommt die Rede von der *Roma Aeterna* auf und wird Teil der *national conversation*.

Augustus erfindet die Zukunft.

Ganz bestimmt. Zum ersten Mal gibt es eine wirkliche Perspektive. Vieles wackelt, aber die Zukunft kann gut aussehen.

Roma Aeterna wurde sozusagen nach vorn benutzt. Hätte es nicht auch die andere Richtung sein können? Schließlich existierte Rom zu jener Zeit schon 700 Jahre.

Richtig. Deshalb wird der Begriff auch zurückprojiziert. *Roma Aeterna* ist bereits das Ergebnis einer Rückprojektion, wenn Tibull Jahrhunderte nach Roms Gründung davon spricht, dass Romulus es »ins Ewige« gegründet habe. Wie üblich in Rom: Die Römer waren eigentlich keine Zukunftsmenschen. Es war immer so gewesen, dass wenn ein neues Problem auftauchte, sofort gefragt wurde: Wie haben das unsere Vorfahren gemacht?

Und Augustus hat diese Rückschau abgeschafft?

Ja und nein. Bei Augustus kann man lernen, was viele Staatenlenker von heute noch lernen müssen: Je mehr ich zu verändern trachte, desto besser bin ich beraten, stärker auf die Tradition zurückzugreifen. Das ist das augusteische Prinzip. Julius Caesar, Augustus' Großonkel, hat gesagt: Tradition ist Quatsch, die Republik ist tot. Er hat es übertrieben, wurde aber durch das

Herkules (links) und Lazarus als Nachbarn: Wandmalereien in der *Catacombe di Via Latina*, ca. 320 n. Chr.

Fehlen jeglicher Progressivität auch in den Frust getrieben. Das hatte auch damit zu tun, dass die Konsuln immer nur für ein Jahr gewählt wurden. Da kann es so etwas wie eine kontinuierliche Führung und, wichtiger, ein Programm nicht geben. So etwas wie die Frage, wo wollen wir in fünf oder zehn Jahren sein, gibt es nicht, sondern immer nur ad-hoc-Politik.

Das endet mit Augustus. Er sagte: Ich schaffe die Traditionen nicht ab, aber sie sind nicht zum Stagnieren da, sondern zum Aufbau. Er sagte es nicht wörtlich, es gibt wenig große Reden, aber seine Handlungen sprechen für sich. In den 20er Jahren v. Chr. war vieles in der Schwebe, doch es gab eine Aufbruchsstimmung: Wir sind dabei, etwas aufzubauen, das Bestand hat. Das ist das Neue an Augustus. Wir greifen auf die Gebräuche der Vorfahren zurück, aber wir entwickeln sie fort und ändern uns. Das ist das Kontinuum. Es ist eine positive Form des Konservativen: Man behält, was gut ist, und lässt den Rest zurück.

Ewigkeit geht in beide Richtungen. Augustus hat dieses Oszillieren begriffen und die Zukunft mit der Vergangenheit verschmolzen.
Genau. Das eine gibt es nicht ohne das andere. Zumal – hier sind wir bei der Gedächtnisgeschichte – die Vergangenheit sich ja dadurch ändert, wie sie in die Gegenwart hineinspielt, wie wir die Zukunft definieren. Genau diese Prozesse gehen in der Antike ja noch viel rascher und geschmeidiger vor sich als heute, damals musste man sich um Dokumente und schriftliche Urkunden nicht kümmern.

Ohne solche Dokumente muss die Vorstellung, dass *Roma Aeterna* bereits in der Antike ein geflügeltes Wort war, also Spekulation bleiben?
Man kann es nicht dokumentieren. Es stand nicht auf Grabsteinen, nicht auf Straßenmauern. Nero, der von 54–68 n. Chr. Kaiser war, hat die Göttin Aeternitas auf Münzen prägen lassen. Insofern kann man sagen, dass das Konzept buchstäblich in Umlauf gebracht wurde. Ob es deshalb zum geflügelten Wort avancierte…?

Ich halte Münzen als Quelle für die Geschichtsschreibung übrigens für überschätzt. Nehmen sie die Dollar-Note. Haben Sie eine Ahnung, wie viel Latein da drauf ist? Da steht nicht nur *e pluribus unum*, da ist die Pyramide mit der Inschrift *annuit coeptis*, von Vergil wurde der Satz von der *novus ordo seclorum* übernommen. Wenn man uns in 3000 Jahren ausgräbt, wird man sagen: Die USA waren bilingual, die haben Latein und Englisch gesprochen. So wird das manchmal gehandhabt. Man muss da sehr aufpassen.

Aber heute ist die »Ewige Stadt« ein geflügeltes Wort, eine Art Trademark, ein Werbespruch, den Millionen kennen und der über 2000 Jahre alt ist. Das ist doch unglaublich.
Ja, Tibull war Roms größter Werbetexter *(lacht)*. Das ist Roms Alleinstellungsmerkmal, das wird ihr keine andere Stadt jemals streitig machen.

Warum ist Athen nicht ewig?
Griechenland ist zersplittert. Athen ist ewig, meinetwegen, aber nach Attica fängt schon wieder der nächste Stadtstaat an. Rom ist ein Imperium. Das ist eine viel

Das Forum Romanum, im Mittelalter nicht mehr als ein *Campo Vaccino* (»Kuhfeld«). *Phantasieansicht des Campo Vaccino mit einem Esel*, Gemälde von Cornelis van Poelenburgh, 1620

größere Sache. Noch mal: Wir reden nicht nur über eine Stadt. Tibull und Vergil meinen das Imperium Romanum mit seiner ethnischen, kulturellen, geistigen Vielfalt, in dem so vieles zusammenfließt …

… urbi et orbi, die Stadt und der Erdkreis.
Ja! Und es ist wiederum kein Zufall, dass diese Formulierung auf die augusteische Zeit zurückgeht, auf Ovid, der sagte: *Romanae spatium est urbis et orbis idem:* Das römische Stadtgebiet ist mit dem des Erdkreises identisch. Er hat Augustus *pater orbis* genannt.
Derselbe Ovid beendet seine *Metamorphosen* mit seiner Vision von Ewigkeit: Er schreibt, dass sein Name, solange das Werk gelesen wird, in allen Zeiten hallen wird. Die Idee machte Mode.
Na ja, interessanterweise verknüpft Ovid seinen Ruhm aber mit dem Roms; insofern, als er sagt, ich werde gelesen, so weit sich das Römische Reich erstreckt. Mit ein wenig Wohlwollen kann man auch sagen: solange das römische Reich existiert.
Die Idee des »Ich-werde-gelesen-also-bin-ich« bringt mich zu der Frage: Ist Rom ewig, solange man darüber spricht? Ist seine Ewigkeit vielleicht sogar in erster Linie eine sprachliche Konstruktion,
eine Selbstreferenz, in der sich das Ewige genau in der ewig wiederholten Rede darüber manifestiert?
Ja. Es löst sich von der Zeit, es löst sich von dem Ort; diese Selbstreferenz hat viel damit zu tun, dass der Begriff sich verselbständigen und Allgemeingut werden konnte.
Jetzt werden die Ruinenromantiker aber enttäuscht sein …
Well, die Ruinen können immer noch evoziert und das alte Stadtbild vergegenwärtigt werden. Das gehört ja auch dazu. Aber vergessen Sie nicht: Im Mittelalter war das Forum Romanum ein Feld für grasende Ochsen …
… wo laut Tibull das Vieh auch gegrast hat, bevor Rom gegründet wurde, wir sind also gewissermaßen zurück auf Anfang.
Fast. 476 kam das sogenannte Ende des weströmischen Reiches. Rom war im Mittelalter wirklich ein Kaff, mit 40.000 Einwohnern, ohne große Bedeutung. Aber Geschichte endet nicht auf einen Schlag, und sie verändert sich auch nicht von heute auf morgen. Heute könnte das vielleicht anders sein, denken Sie an eine Zäsur wie 1945 oder an die Atombombe. Aber in Bezug auf Roms »Ende« sollte man eher von einem *change of*

Moderne Architektur unter »verflixt ewigen Stätten«: das Ara-Pacis-Museum von Richard Meier

management sprechen. Da kamen die Goten und andere, aber das hat sich nicht sofort nach unten durchgesetzt. Die Leute essen immer noch das Gleiche, sie bauen immer noch im selben Stil, sie tragen immer noch die gleiche Kleidung, sie sprechen immer noch Latein, und das ist die Hauptsache. Allmählich ändert sich schon einiges, aber diese Veränderungen wären sowieso geschehen. Keine Kultur, keine Nation steht vollkommen still. Vielleicht, wenn man eine Mauer baut und sich dahinter versteckt, aber das ist eine andere Sache, und auch das würde das Unausweichliche nur hinauszögern.

Vor dem Hintergrund, dass die »Ewige Stadt« zwischendurch eine glorifizierte Weidefläche war, ist doch aber der Erfolg der *Roma-Aeterna*-Parole umso erstaunlicher. Wenn das »Rezept für Ewigkeit« eben nicht darin besteht, dass immer alles so bleibt, wie es ist, kann man sich die Rede von *Roma Aeterna* vielleicht als Samenkorn denken, das in der Ödnis überlebt und auf den Regen neuer Zeiten wartet.

Der Regen kam ja auch, und zwar in Form der Renaissance-Päpste. Sie haben sich in der Rolle der alten rö-

mischen Kaiser gesehen und diese strukturell ausgefüllt. Die Übernahme der Formel *urbi et orbi* ist ein Beleg dafür. Am augenfälligsten wird es durch Inschriften wie »Pontifex Maximus« – das war ein altrömischer Priestertitel, der später auf die Kaiser überging. Die Päpste bauen die Stadt wieder auf und sind vor allem weltliche Herrscher. Sie setzen fort, was gewesen war. Und sie kennen ihren Tibull, ihren Livius und Vergil. Sie können ideologisch daran anknüpfen. *Roma Aeterna* wird zur Wiederbelebungsparole. Der Ewigkeitstopos wird jetzt christlich, als Heilsversprechen gewendet. Rom ist ein Gefäß, in das man jetzt das Christentum füllen kann. Dieses Konzept existierte schon bei den Kirchenvätern. Der Inhalt wird ausgewechselt, das Gefäß bleibt dasselbe. Bis heute.

In eine »Ewige Stadt« passt viel hinein.

Ewigkeit ist beliebt. Wir wissen, wir sind nicht für ewig. Alles wechselt in rasendem Tempo. Dann ist es gut, einen Festpunkt zu sehen. Nehmen Sie die Kontroversen über das Ara-Pacis-Museum von Richard Meier. Das hat viel mit der Frage zu tun, wie oder ob überhaupt moderne Architektur einen Platz finden kann oder soll in einer Stadt voll verflixt ewiger Stätten.

Metamorphosen eines Mythos:
die »Gedächtnisfiguren« Romulus
und Remus

links: Hat seinen Vergil gelesen:
Canis Lupus.
Mitte: Romulus-Detail vom »Runen-
kästchen von Auzon« (Northumbria,
England, frühes. 8. Jh.)
rechts: *Die Kapitolinische Wölfin*,
Gemälde von Max Ernst, 1953

Aus meiner Sicht wäre es ganz falsch, Rom als eine Art Gesamtmuseum zu behandeln. *Roma Aeterna* hat nie Stagnation gemeint, ganz im Gegenteil: Augustus entwickelte die Stadt weiter. So machen es die Päpste auch. Sie respektieren und nutzen das Alte, bauen aber ihre eigenen Stätten. Wir dürfen aber nicht vergessen, dass der Begriff der »Dauer« in der Antike völlig anders besetzt war, weil das Tempo völlig anders war. Und denken Sie an die Lebenserwartung! Die lag durchschnittlich ungefähr bei 35 Jahren im römischen Imperium. Eine Lungenentzündung – bye bye. Nur ein Fünftel aller römischen Frauen mit 19, 20 Jahren hat noch einen Vater. Bei dieser Art von Vergänglichkeit ist es ganz schön, sich auch noch im Diesseits an der Idee der Dauer wärmen zu können. Außerdem kann man sich selbst gut schmeicheln, wenn man sich als Garant von Ewigkeit begreift.

Sie haben über die Gleichzeitigkeit der Religionen und Kulturen im augusteischen Rom gesprochen. Ich möchte Ihnen ein paar Sätze von Jan Assmann zur römischen Gleichzeitigkeit vorlesen, einem der Protagonisten der deutschen Gedächtnisgeschichte:

Bitte lesen Sie das Zitat auf Seite 146 im Journal.

Ja, wundervoll formuliert. Rom ist eine ewige, darin aber vor allem eine organische Stadt. Sie gehen die Straße runter, da ist etwas von der Antike, manchmal etwas vom Mittelalter, von der Renaissance, dem Barock, der Moderne, alles auf 200 Metern. Und bei der Antike sprechen wir ja noch nicht einmal nur vom kaiserlichen Rom, sondern auch von Sachen, die noch viel weiter zurückgehen – das ist ewig!

Gibt es so etwas noch einmal auf der Welt?
Nein, das ist einzigartig. Um noch einmal auf Ihre frühere Athen-Bemerkung zurückzukommen: Der Gegensatz zu Athen könnte ja gar nicht größer sein. Die Agora, der Parthenon, das sind in sich selbst eingeschlossene Bezirke. Die Herrschaft der Ottomanen hat nicht viel hinterlassen. Da ist die Plaka, und das ist auch ganz nett, aber von der urbanistischen Entwicklung her ist das wirklich ganz anders als in Rom.

***Roma Aeterna* hat also zwei Motoren: Da geht es, abgelöst von allem Manifesten, um eine Idee, um ein Menschenbild; es ist eine sprachlich-intellektuelle Figur. Andererseits bekommt der Ausdruck, wenn man durch das real existierende Rom und durch die Gleichzeitigkeit der Strukturen wandert, doch auch eine ungeheuer konkrete Plausibilität.**
Es ist nicht nur etwas, das einen intellektuell anspricht. Es ist: *Wow!* Einmal habe ich eine Gruppe *undergraduates* auf eine Studienfahrt mitgenommen. Das Thema war *fusion of cultures*, und die Gruppe hat das selbst verkörpert, ihre Eltern kamen aus aller Herren Länder, aus Asien, Europa, Südamerika. Da musste ich nichts akademisieren. Man sah, wie es ihnen förmlich in die Venen hineinging. Es ist absolut unmittelbar. Tibull konnte natürlich nicht wissen, wie uns das heute anspringt, aber *Roma Aeterna* ist eine wundervolle Formulierung für diese Unmittelbarkeit.

Auf mich hat die Unmittelbarkeit der Gleichzeitigkeit den Effekt der Zeitlosigkeit.

Genau das spielt eine ganz wesentliche Rolle in der Gedächtnisforschung: dass sich die Vergangenheit in der Gegenwart fortsetzt. Aber noch mal: Der Begriff ist ja nicht so festgelegt, dass er eine bestimmte Reaktion vorschreibt. Den können wir uns historisch ansehen, intellektuell, im augusteischen Umfeld – aber wenn man da steht, dann braucht man keine Vorlesung.

Sie erwähnen die Gedächtnisforschung: Inwiefern unterscheidet sie sich denn von der »herkömmlichen« Geschichtsschreibung?

In der Regel wird in erster Linie danach gefragt, was wann wo aus welchem Grund geschehen ist. Aber wo ist der Mensch? Bei der Suche nach diesen Fakten ist er zunehmend aus dem Blick geraten. Der Gedächtnisforschung geht es nicht mehr nur darum, was geschehen ist, sondern darum, wie sich die Menschen daran erinnern. Und das ist ungeheuer wichtig. Die *oral tradition* übrigens auch, heute wie damals. Ich treffe jetzt meine Familie in Mainz, dann machen wir einen Ausflug nach Rüdesheim und gehen zum Niederwalddenkmal. »Lieb Vaterland, magst ruhig sein« (*lacht*). Da stehe ich vor dem Denkmal, meine Söhne, meine Enkelkinder, meine Mutter, die jetzt 88 ist – und wir haben alle verschiedene Erinnerungen und Assoziationen. Beides beruht auf dem Gedächtnis. Damit befasst sich die Gedächtnisgeschichte. Rom ist ein besonderes Gebiet dafür, und *memoria* ein Schlüsselbegriff. Die Römer haben es mit diesen Worten gesagt,

Cicero zum Beispiel: »Geschichte ist die Bewahrung des Gedächtnisses.« Eine »historische« Figur wie Romulus ist eine reine Gedächtnisfigur. Er ist eine Erfindung, die die Gründung Roms personifiziert. Nehmen Sie den Begriff des »Monuments«: Er bedeutet »zur Ermahnung«. Damit ist die Erinnerung gemeint. Architektur, Literatur – alle Instanzen der römischen Kultur sind davon betroffen.

… also haben die Römer die Gedächtnisgeschichte erfunden?

Das wäre eine Übertreibung. Aber zumindest machen sie keinen Unterschied zum Geschichtsbegriff im üblichen Sinne. Sie sind, empirisch gesehen, ja auch in einer viel schlechteren Position. So etwas wie Archäologie gab es in der Form nicht, kaum Dokumentationen. Bis zum dritten Jahrhundert v. Chr. haben die Römer überhaupt keine Geschichtsschreibung. Es fängt mit Romulus an – reine Gedächtnisgeschichte. Es ändert sich, wenn die Schriftstellerei beginnt, aber die *oral tradition* bleibt vorherrschend.

In gewissem Sinne sind Sie, Herr Galinsky, Augustus' Wiedergänger. Auch Sie wollen über die Vergangenheit nicht nachdenken, ohne etwas über die Zukunft zu erfahren. Sie wollen nicht über Augustus nachdenken, ohne gleichzeitig den Transfer ins Heute zu machen. Nicht zuletzt für das Gelingen dieses Transfers haben Sie den Max-Planck-Forschungspreis 2009 bekommen. Im Gegensatz zu der bisherigen Sichtweise sagen Sie, die augusteische Ära war gar nicht so statisch, sondern ex-

perimentell. Und das hat so gut funktioniert, das war so geglückt, dass wir uns heute vielleicht daran ein Beispiel nehmen, dass wir etwas lernen können. Was denn?

Ich glaube, Geschichte wiederholt sich nicht. Vielleicht kennen Sie den Satz von George Santayana: »Wer die Geschichte nicht kennt, ist dazu verdammt, sie zu wiederholen.« Wir fragen uns jetzt in den USA, vielleicht überall auf der westlichen Welt: Sind wir jetzt dazu verdammt, wie Rom unterzugehen?

Nein, sind wir nicht. Aber etwas lernen können wir schon von Augustus, und zwar etwas sehr Elementares. Er hat langfristig geplant. Nehmen Sie die Wirtschaftskrise. Sie basiert vor allem auf kurzfristiger Spekulation. Keiner denkt langfristig. In den Naturwissenschaften ist es sehr schwierig, für die Grundlagenforschung Gelder zu bekommen, im Gegensatz zu den angewandten Wissenschaften, wo ganz schnell etwas dabei rauskommt und Sie gleich einen Sponsoren bekommen. Langfristig ist etwas anderes. Bei Augustus spielt das eine große Rolle. Es gab eine Vision, ein Programm. Das kann man nicht von heute auf morgen realisieren. Deshalb konnte das nie in der alten Republik geschehen, wo es sehr wenig Kontinuität gab. Und wenn Sie das auf die heutige Politik beziehen – das ist ja offensichtlich. Eine Wahlperiode von vier Jahren, der Einfluss von PR und den Medien …

Aber man muss den Leuten doch sagen können, wir machen nicht alles ad hoc, es ist nicht alles nur eine kurzlebige Reaktion auf die Krise. In gewisser Hinsicht – auch wenn man darüber lachen oder das banal finden kann – hat die Fußballweltmeisterschaft im Sommer 2010 dieses Vakuum gefüllt. Der Bundespräsident war zurückgetreten, mit der Koalition sah es auch nicht so gut aus. Aber mit der deutschen Mannschaft konnten wir uns identifizieren: Der Jogi ist ein eigener Kerl, der macht das auf seine Art, weil er seine langfristigen Ziele hat, und die Leute bewundern das. So ähnlich war es auch mit Augustus. Der war wenigstens nicht »wischi-waschi«, da wusste man, es gibt bestimmte Ziele. Augustus sah die Tradition, er sah aber auch die Probleme. Deshalb war er einer der Ersten, die das Gedächtnis manipuliert haben: Er hat viele Dokumente aus der Zeit der Gewaltherrschaft des Triumvirats verbrannt.

Das klingt jetzt aber nicht nach friedlicher Versöhnung von Vergangenheit, Gegenwart und Zukunft.

Dass Augustus mit dieser neuen, langfristigen Strategie kam, war zunächst auch eine große Überraschung. In den 30er Jahren, bevor er den Ehrennamen *Augustus* verliehen bekam und Octavian hieß, war er noch blutrünstig gewesen. Später hätte man sich also auch erinnern können: Drück den falschen Knopf, und der alte Octavian kommt wieder raus.

Aber zumindest hat Augustus den Übergang eingeleitet, denn er hatte eine Vorstellung davon, wofür Rom steht, und daran hat er gearbeitet. Diese Vorstellung war nicht einseitig militärisch. Er hat die Bürgerkriegsarmee abgeschafft, die daran gewöhnt war, sich gegenseitig zu bekämpfen. Statt 500.000 Soldaten gab es eine »Profi«-Armee von 300.000 für das gesamte römische Imperium. Natürlich gab es auch weiterhin Unruhen und große Schwierigkeiten, es herrschten Hungersnöte, Überschwemmungen, nichts vom »Goldenen Zeitalter«, das viele Retroprojektionen erfinden. Aber es gab immerhin eine Zielsetzung. Die hat sich unter Claudius fortgesetzt. In den Filmen ist das immer so eine Witzfigur, auch wegen seines physischen Gebrechens. Das ist eine Tragödie, denn er war unglaublich gescheit, unglaublich talentiert. In der Bürgerrechtssituation war er sehr progressiv, in der Frage, wie man die Provinziellen wieder ins Bürgertum aufnimmt, noch progressiver als Augustus. Fazit ist, dass sich die Institution des Principates 200 Jahre gehalten hat, und das ist nicht schlecht. ℂ

Das Gespräch führte
corso-Redakteur Joachim Otte.

links: Wenn die Kriege gehen, geht der Blick nach vorn: junge Amerikaner in Rom, 1946
rechts: Römische Münze, nach 141 n. Chr.

KARL GALINSKY,
geboren 1942, ging nach dem deutschen Abitur in die USA.
Er ist Professor für Klassische Philologie an der University
of Texas in Austin und Experte für das augusteische Rom.
Sein Arbeitsschwerpunkt liegt darin, Verbindungen
zwischen der Antike und ihrer Rezeption in der modernen
Kultur herzustellen. Für seine Leistungen auf dem
Gebiet der Kulturgeschichte, die er mit Ansätzen der
Gedächtnisgeschichte verbindet, erhielt er im Jahre 2009
den Max-Planck-Forschungspreis.

VERDAUUNG, DREITAUSEND-JÄHRIG

Menschen, Märkte, Küchenchauvis:
So essen die Römer

⸴ BIRGIT SCHÖNAU ⸴

Kommen wir zum Wesentlichen. Rom hat, wie der Dichter sagt, jede Menge alte Bausubstanz, aber diese Steine liegen seiner Bevölkerung nicht allzu schwer im Magen. Römer können zu allen Tages- und Nachtzeiten Unmengen verdrücken und anschließend beeindruckend ausführlich, wortreich und angeregt darüber schwadronieren. Die Geschichte Roms, der Welthauptstadt des Essens, ist eigentlich nichts weiter als eine einzige große Verdauung, dreitausendjährig, nur gelegentlich unterbrochen von einem lästigen, kriegerischen Rülpser. Hier hat es wohl Hungersnöte gegeben (nach dem Zweiten Weltkrieg gab es auf manchem Schwarzmarkt römische Straßenkatzen zu kaufen), aber niemals kulturbedingte Formen der Anorexie. Mögen andere sich mit *low carb* bestrafen und zur Erhaltung eines Waschbrettbauches auf Götterspeisen wie Nudeln, Brot, ja sogar ein unschuldiges Äpfelchen verzichten, als sei jede dadurch bescherte Rundung des Teufels. Römer wissen es besser. Esst, Kinder, *magnate ragazzi*, später erst und im Himmelreich gibt es womöglich nichts mehr, man weiß ja nie, und dann hat man auf Erden seine Zeit verschwendet und umsonst gehungert. Und bevor ich es vergesse, das Wichtigste zuerst: Ein Salat ist eine Beilage ist eine Beilage ist eine Beilage. *Un contorno.* Wozu hat der Herrgott das zarte Lämmchen geschaffen, das geduldige Rind, das würzige Kaninchen, ganz zu schweigen von der *pastasciutta*? Als Orazio starb, ein Wirtsunikum aus Trastevere, zitierte der *Messaggero* seinen Lieblingsspruch: »Wenn du bloß einen Teller Gemüse essen willst, mach's zu Hause«, pflegte Orazio Kunden anzupflaumen, die unter Missachtung seiner Kochkunst »nur eine Portion *cicoria*« bestellen wollten. Ach, *cicoria*. Wegwarte wäre der passende deutsche Ausdruck. Wild wächst sie in den Wiesen der *campagna romana*, hinter den antiken Grabsteinen längs der Via Appia Antica, und ihre dunkelgrünen Blätter bilden das römische Gemüse par excellence. Man isst sie gekocht mit Öl und Zitrone oder scharf in der Pfanne gewendet mit *aglio e peperoncino*, Mamma mia! Ein Gedicht mit jenem bitteren Unterton, den es braucht, um sich über die Banalität zu erheben. *Cicoria* ist so alt wie der Römer selbst und so charaktervoll, wie er es gerne sein möchte.

Auf dem Campo de' Fiori findet man sie noch, Wegwarte mit ihren Wurzeln, malerisch aufgetürmt auf den alten Marktkarren im Schatten des Denkmals für den Ketzer Giordano Bruno. Sicher, in anderen Vierteln gibt es weitaus größere Märkte mit üppigeren Gemüseständen und einer Fülle von Fischbänken, während der berühmte, viel besungene Innenstadtmarkt immer weiter zusammenschrumpft. Und die römische Küche gibt es ursprünglicher im ehemaligen Ghetto, in Testaccio und in jenen namenlosen Trattorien des Tiburtino oder des Appio Latino, die niemals Besuch von einem Gourmetkritiker bekommen, sondern immer nur von der eigenen, überaus anspruchsvollen Nachbarschaft. Und dennoch hat der Campo de' Fiori über seinen Mythos hinaus durchaus noch Handfestes zu bieten, wie den *forno* an der Ecke Via dei Cappellari, in dem immer ein unübersehbares Gewimmel herrscht, weil hier die *pizza bianca* so gebacken wird, wie das nur noch wenige in der Innenstadt hinkriegen: dünn und kross, mit einem glänzenden Ölfilm, der an den Fingern hängen bleibt, und mit groben Meersalzkörnern obendrauf. Beim Fleischer gegenüber kann man zuschauen, wie römische Metzger ihr Handwerk betreiben, wie sie hoch konzentriert und mit blank geschliffenen Messern die *fettine* aus dem mächtigen Rindfleischstück säbeln, sie mit dem Messerrücken noch ein wenig flacher klopfen, das Messer kurz wetzen, wieder schwungvoll schneiden, um am Schluss ein perfektes Produkt ordentlich ins Papier zu sortieren. Künstler ihres Fachs wie die Artischockenhändlerin, die die dicken grünen Köpfe der *carciofi romaneschi* in Windeseile von ihren harten Blättern befreit, sie mit dem Messer säubert und in eine große Wanne voller Zitronenscheiben legt, fertig zum Verzehr. Ja, Essen und seine Zubereitung sind eine Kunst, und immer müssen es die besten Materialien sein, die bei dieser Kunst Verwendung finden. Michelangelo hat schließlich auch nicht mit Tuffstein gearbeitet.

Nirgends ist der römische Koch, mehr noch die Signora, so diskutierfreudig, so leidenschaftlich und prinzipienfest wie auf dem Markt. Gnadenlos machen sie die vor ihnen liegende Ware nieder, um nur das Beste, Frischste, Feinste nach Hause oder in die Restaurantküche zu tragen. »Was ist mit dem Salat da hinten? Der sieht müde aus, nein, den nehme ich heute nicht. Was alt ist, müsst ihr eben zu Hause lassen. Schon gut, schon gut, ihr seid doch alle gleich. Gib mir ein wenig *cicoria*, aber die echte, wilde, nicht das gezüchtete Zeug. Erdbeeren, wo kommen die Erdbeeren her? Neapel? Um Gottes willen, habt ihr denn keine aus Terracina? Was, die dort? Das könnt ihr meinem Dienstmädchen erzählen, dem ihr letzte Woche die Artischocken verkauft habt. Voller Heu waren die, voller Heu. Nein, nein, diese Erdbeeren kommen nicht aus Terracina, die sind viel zu groß. Ich möchte die kleinen, runden. Schon besser. Warum hast du mir diese Schale nicht gleich gezeigt? Versteckst sie ganz hinten, eh! Basta, das reicht. Ein Stückchen Sellerie hätte ich noch gern für den Sugo und drei Blättchen Basilikum. Und zwei Eier für meinen Enkel, aber heute Morgen frisch gelegt, bitte schön, denn er soll sie trinken, der arme Kleine. Was sollen wir machen, Luigi, solche wie uns gibt's doch bald nicht mehr. Ciao, bis morgen, und *mi raccomando*, dann aber mit frischem Salat.«

Halb vertraulich, halb streng von oben herab behandelt die Signora ihren Markthändler. Nie würde sie ihn mit seinem Kollegen betrügen, denn das würde ja das Vertrauensverhältnis, das täglich mit etwas liebevollem Gezeter gefüttert wird, nachhaltig stören. Hat man sich einmal einen Gemüsestand, einen Fischhändler herausgesucht, bleibt man ihm treu und basta. Auch wenn die Konkurrenz vielleicht die Tomaten etwas preiswerter verkauft. Werden schon ihre Gründe dafür haben, dass sie so billig sind. Auf ihrem Markt suchen die Römer vor allem Qualität. Und auch im Centro Storico sind sie, trotz des unaufhaltsamen Sichausbreitens der *supermercati*, so treue Marktgänger, dass es bis heute in jedem, aber auch wirklich jedem Viertel einen Markt gibt, gleichgültig ob auf dem Campo de' Fiori oder in Tor Bella Monaca, an der äußersten Peripherie. Manchmal handelt es sich um prächtige Markthallen wie an der Piazza Alessandria, wo eine stolze etruskische Wölfin über Berge von Frischgemüse, Obst, Fleisch und eingelegte Oliven wacht. Andernorts stehen die Marktkarren einfach auf der Straße. Aber *tutta Roma* wird so versorgt, an sechs Tagen in der Woche, von morgens um sieben bis mittags um zwei Uhr.

Schon im alten Rom waren Märkte Chefsache. Die Etruskerkönige ließen den Markt auf dem Kapitol, im Schatten ihres wichtigsten Heiligtums, abhalten. In den Mercati Traianei dann, dem größten überdachten Markt der antiken Welt, wurden seit dem zweiten Jahrhundert v. Chr. Delikatessen aus dem ganzen römischen Imperium verkauft. Nicht weniger als hundertfünfzig Ladenlokale waren in den fünf Stockwerken des riesigen Ziegelbaus untergebracht, in denen die römischen Sklaven alles Notwendige für die Festgelage ihrer Herren erstehen konnten: Obst und Gemüse aus der *campagna*, Äpfel, Birnen und Feigen aus Griechenland, Pflaumen aus Damaskus, Zitronen und Granatäpfel aus Afrika und Datteln aus den Wüstenoasen. In den geräumigen Gewölben des ersten Stocks wurden Weine und Öle gelagert, weiter oben Getreide, Hülsen-

früchte und Gewürze. Ganz oben lagen die Becken des Fischmarkts, die aus zwei Leitungen unablässig mit Meer- und Süßwasser gespeist wurden, auf dass die Ware frisch und lebendig vor die Augen der verwöhnten Kundschaft kam. Schließlich konnten die Patrizier geübten Auges Austern vom Kap der Circe von jenen aus dem Lukrinersee in Kalabrien unterscheiden.

Es war die Zeit des Lucius Licinius Lucullus (117–57), Konsul und Feldherr, und des Meisterkochs Marcus Gavius Apicius. Letzterer, ein berüchtigter Prasser, der sich als Verfasser eines Kochbuchs für die Nachwelt verdient gemacht hat, hätte das Abendland vor dem BSE-Skandal und anderen Unappetitlichkeiten bewahren können, wäre nur sein *De re coquinaria* Pflichtlektüre an allen Schulen geworden. Apicius wusste nämlich, dass ein guter Koch beim Füttern seiner Schlachttiere Sorgfalt walten lassen muss. Trockene Feigen also für Schweine! Und kurz vor Schluss noch ein besonders gutes Tröpfchen, *mulsum*, römischer Honigwein, ihnen und uns zum Wohle! Es stirbt sich ja besoffen doch leichter, von den Vorzügen für das Fleisch ganz zu schweigen. Und dass der große Apicius, einer der besten Köche und Feinschmecker der Antike und ein Begründer der europäischen Haute cuisine, von eigener Hand ausgerechnet an Gift gestorben ist – sollen wir es einen Treppenwitz der Gourmetgeschichte nennen? Er habe Selbstmord begangen, aus Angst vor dem Verhungern, behaupteten gnadenlose Spötter.

Nun, wir müssen das nicht glauben, dürfen aber vermuten, dass Apicius wie so viele Römer nach ihm zeit seines Lebens vor allem mit Essen beschäftigt war.

Nicht wenige Rezepte des alten Apicius haben sich in leicht abgewandelter Form in der römischen Küche erhalten – wenn man einmal von der Zubereitung von Haselmäusen, Kranichen und Flamingos absieht. Der Feinschmecker gibt Tipps für das smaragdgrüne Aussehen von gekochtem Gemüse: *Si cum nitro coquatur*, wenn es mit Natron gekocht wird, und widmet sich so allerlei Grünzeug, das auch heute noch in Rom auf den Tisch kommt. Spargel und Kürbisse, Artischocken, Endivien, Kohlsprösslinge und Brennnesseln. Auch Trüffeln waren im antiken Rom begehrt, ebenso wie *la porchetta*, das Spanferkel, Tintenfische, Austern und Thunfisch. Mit Süßspeisen hielt man sich zurück – sie sind bis heute der Schwachpunkt der *cucina romana*. Über eine einfache *crostata*, eine Linzer Torte mit Marmelade, die *torta della nonna* mit Pinienkernen oder eine Karamellcreme geht das Angebot in den meisten Fällen nicht hinaus. Die römische Küche ist deftig, gehaltvoll und wenig luxuriös. Sie kennt weder raffinierte Vorspeisen noch komplizierte Hauptgänge, und innerhalb Italiens gehört sie keinesfalls zu den »großen Küchen«, wie etwa jene des Piemont, der Toskana oder die Küche Kampaniens. Kulinarisch ist Rom eher Mittelitalien zuzuordnen als Süditalien mit seiner Vielzahl an Fischgerichten und dem großen Bedarf an sonnengereiften Gemüsen. In der Hauptstadt spielen Suppen (*minestre*) eine ebenso große Rolle wie die Pasta und Fleisch von Huhn, Lamm und Rind. Das Gros der Rohprodukte kommt aus der südlich gelegenen Nachbarprovinz Latina, wo intensiver Obst- und Gemüseanbau betrieben wird, sowie aus der weitläufigen *campagna* bei Viterbo, auf deren Hochebenen Schafe und Rinder grasen. Olivenöl aus den Sabiner Bergen gilt als eines der besten Öle Italiens, und der Weißwein aus den Castelli Romani, namentlich der Frascati, ist über die Landesgrenzen hinaus bekannt. Der römische Großmarkt, vor einigen Jahren aus den Hallen unweit der Porta San Paolo an den Stadtrand ausgelagert, ist einer der wichtigsten Umschlagplätze Italiens, viele Produzenten verkaufen aber auch direkt auf den Märkten.

Biogemüse wird vor allem in speziellen Läden angeboten, hat den römischen Wochenmarkt jedoch noch nicht erobert, obwohl ja Italien mittlerweile der größte Produzent von Bioprodukten in Europa ist. Aber nicht wenige Gemüsebauern haben ihre Gewächshäuser abgeschafft und bieten nur noch Freilandprodukte an, und die vielen Wildgemüse, die für die römische Küche unabdingbar sind, wachsen ohnehin auf ungedüngten Wiesen oder, wie der als Delikatesse gehandelte wilde Spargel, gar im Unterholz der Wälder. Das gilt auch für Kräuter wie die Katzenminze (*mentuccia*), mit der die römische Artischocke gesotten wird, auch sie mittlerweile ein von der EU geschütztes Unikum. Seit über sechshundert Jahren kommt *cynara cardunculus* mit dem großen, runden, fleischigen Kopf in Rom auf den Tisch, entweder gekocht als *carciofo alla romana* oder frittiert als *carciofo alla giudea*. Wobei gar nicht oft genug betont werden kann, dass viele Gerichte der römischen Küche, wie eben die berühmte Artischocke, die man am besten bei *Gigetto* unter dem Portico d'Ottavia isst, jüdischen Ursprungs sind. Die kulinarischen Traditionen der zweitausendjährigen jüdischen Gemeinde in Rom haben sich authentisch erhalten, sei es der famose Ricottakuchen mit Sauerkirschen, den man heute noch in der jüdischen Bäckerei unweit der Synagoge frisch aus dem Ofen bekommt, oder die frittierten Zucchiniblüten, seien es *pasta al tonno*, Pasta mit Thunfisch, oder Huhn mit Paprika oder Spinat mit Rosinen und Pinienkernen.

Der wichtigste Bestandteil jeder Mahlzeit aber ist das Brot. *Bono come er pane*, gut wie Brot, sagen die Römer, wenn sie ausdrücken wollen, dass jemand ein besonders gutes und weiches Herz hat. Ja, *bono*, gut muss es sein, das Brot, und wenn Sie vielleicht gedacht haben, die römischen Bäcker backten ohnehin nur Weißbrot und basta, dann stimmt das einfach nicht. Das Brot ist für die Römer eine Wissenschaft, und vielleicht gibt es deshalb in kaum einer europäischen Hauptstadt so viele *forni*, Backstuben, wie in Rom. Wohlgemerkt, Backstuben, in denen keine fertig gerührten Backmischungen in den Ofen geschoben werden, sondern *pane casareccio*, hausgemachtes Brot. Römische Bäcker backen ihr Brot noch selbst. Es ist Brot mit knuspriger, knackiger Kruste, deren Duft den Verkaufsraum vor dem *laboratorio* erfüllt. Brot aus Genzano Romano, luftige römische Rosetta-Brötchen, Holzofenbrot, ungesäuertes Brot, Pizza bianca, weiße, flache Pizza mit grobem Meersalz. Der eine ist Spezialist für Zwiebäcke, der andere für Brot aus Hartweizenmehl, wieder ein anderer macht ein unnachahmliches *filone*, eine Art römisches Baguette. *Bono* aber ist es immer, sonst gehen die anspruchsvollen Kunden zum Nächsten. Natürlich wird auch in der Bäckerei diskutiert, auf Teufel komm heraus. »Gib mir das Stückchen *casareccio* da oben rechts. Ja, ja, diese Hälfte da, das reicht mir doch heute. Signora, haben Sie Geduld, bitte, ich bin jetzt dran. Ich bin vor Ihnen eingetreten, haben Sie das nicht gesehen? Haben Sie Geduld, sage ich. Zeig mal her. Nein, das nehme ich nicht, das ist mir zu verbrannt. Hast du nicht ein anderes, etwas heller? So ist es gut. Und drei Rosette, die aber *ben cotte*, gut durchgebacken, andere will mein Mann nicht, du kennst ihn ja.«

Römische Bäcker haben immer ein Gratisstück Pizza für die Kinder parat, und nicht von ungefähr drängen sich vor den Pforten der Backstuben die Bettler: Hast du ein *pezzetto di pizza*? Ein Stückchen Brot, direkt aus dem Ofen, muss es für alle geben in dieser Stadt. *Bono come er pane, brutto come la fame.* Gut wie Brot und hässlich wie der Hunger.

Kein Römer schafft es, ohne Brot zu essen, noch nicht einmal Pasta, geschweige denn Fleisch, Gemüse, Suppe, Salat. »Iss wenigstens ohne Brot«, sagen die Großmütter, wenn ihre Enkel partout keinen Appetit zeigen. Iss ohne Brot, das ist *il massimo* an Selbstkasteiung. Der römische »Schnuller« aber ist ein Stückchen aus dem weichen Brotinneren, das in Wasser getunkt und anschließend in Zucker gewälzt wird, damit ist garantiert jeder Säugling still und zufrieden.

Manche Trattorien kochen noch heute nach dem »Küchenkalender« vergangener Jahrhunderte. *Giovedì gnocchi*, donnerstags Kartoffelklößchen, das ist ohnehin der Dreh- und Angelpunkt der römischen Woche, und wenn man die Gnocchi nicht selber machen kann oder will, muss man sie möglichst frühmorgens kaufen, denn nachmittags sind die Lebensmittelgeschäfte und Pastaläden geschlossen. *Giovedì gnocchi*, montags Bohnen mit Speck, dienstags Schmorbraten (oder Sardinen mit Endivien), mittwochs *coda alla vaccinara*, römischer Ochsenschwanz, freitags Fischsuppe oder *baccalà*, Stockfisch, samstags Kuteln und sonntags *supplì*, frittierte Reiskugeln mit Bratenresten und Moz-

zarella. Bei den Hauptgerichten spielt das *quinto quarto*, das fünfte Viertel vom Schlachttier, immer noch eine gewisse Rolle. Innereien machten früher den Hauptbestandteil der *cucina popolare* aus, heute sind sie etwas aus der Mode gekommen, genau wie der Ochsenschwanz und die *trippa*, die Kuteln. *Coratella d'abbacchio con i carciofi*, also Lamminnereien mit Artischocken, eines meiner Lieblingsgerichte, gibt es nur noch in verschwindend wenig Lokalen. Wenn Sie es nachkochen möchten, brauchen Sie:

CORATELLA D'ABBACCHIO CON I CARCIOFI

für sechs Personen
Innereien von zwei Lämmern
(Herz, Leber, Milz, Nieren und Lunge),
6 römische Artischocken,
etwas Schmalz oder Olivenöl,
Salz und Pfeffer, 1 Zitrone

Die Artischocken von den groben Blättern befreien und in nicht zu feine Streifen schneiden, dann in Öl und Schmalz in einer Pfanne dünsten. In einer größeren Pfanne zunächst die fein geschnittenen Lungen, dann die Herzen anbraten. Die noch nicht ganz weichen Artischocken dazugeben, Fleisch und Gemüse vermischen und ganz zum Schluss die geschnittenen Leberhäppchen hinzufügen. Wenn diese rosa gebraten sind, salzen und pfeffern, einen Spritzer Zitronensaft (oder Weißwein) darübergeben und sofort servieren.

Edler und ausgesprochen *romanesco* sind das gegrillte Lamm *a scottadito* und das Lammgulasch *abbacchio alla cacciatora*, nach Jägerinnen Art, mit Knoblauch, Rosmarin, Salbei, eventuell zwei salzigen Anchovisfilets und einem halben Glas Essig. Wobei der *aceto balsamico*, der ja aus Modena kommt, in der römischen Küche ebenso wenig zu suchen hat wie der Parmesankäse. Ursprünglich wurde nur *pecorino romano*, reifer Schafskäse, über die Pasta gerieben. Der Pecorino ist Protagonist des traditionellen römischen Spaziergangs zum 1. Mai geblieben. Am Tag der Arbeit wandelt man, Pecorino und *fave*, die frischen Saubohnen, im Gepäck, auf der Via Appia Antica. Die *fave* werden roh gegessen und bilden einen frischen, saftigen Kontrast zum scharfen Pecorino. Natürlich gibt es Brot und Weißwein dazu, und das Ganze ist ein wirklich erhebendes Mahl.

Jetzt kommen wir aber endlich zur Pasta, schließlich sind wir in der Kapitale der Nudelesser. Viel Schindluder wird auch in Rom mit dem Paradestück der italienischen Küche getrieben. Der Gourmetkritiker Livio Jannattoni hat folgende, hier stark gekürzte Liste von Scheußlichkeiten erstellt, die ihm in den Restaurants seiner Heimatstadt mächtig aufgestoßen sind:

- *Cannolicchi alla macellara* (mit Butter, gehacktem Kalbfleisch, Sahne und Parmesan)
- *Cannolicchi allo speck*
- *Spaghetti alla Wodka* (!)
- *Tortelloni* mit Sahne, Butter und Tomaten
- *Penne al Whisky*
- *Rigatoni alla norcina* (mit Käse, Sahne und Wurst)
- *Rigatoni alla crema di cavolo* (mit Kohl-Sahnesoße)
- *Pasta al salmone* (mit Lachs)
- *Spaghetti al gorgonzola*
- *Spaghetti al cognac*
- *Rigatoni al fico* (mit Schinken, Pilzen, Erbsen, Eigelb)

Die Küche geht mit der Mode, und vor Fehltritten ist sie nirgends gefeit. Butter hat allerdings in einer römischen *pastasciutta* genauso wenig zu suchen wie Sahne. Die Spaghetti *alla carbonara* etwa, eines der bekanntesten, wenn auch jüngsten Gerichte der *cucina romana*, werden auf gar keinen Fall mit Sahne verlängert. Auch Zwiebeln oder Knoblauch gehören nicht in das Gericht, sondern nur gebratener Speck, Olivenöl, Pecorino und ebenjene sechs Eier, die mit der kochenden Pasta stocken sollen. Eine einfache römische *pastasciutta* ebenso wie die beliebten Spaghetti *cacio e pepe* (wenig Öl, Pecorino und viel schwarzer Pfeffer) oder das römische »Nationalgericht« *Ajo, ojo e peperoncino* – Knoblauch, Öl und geriebene Pfefferschote. Einfacher geht es wirklich nicht, und doch können gestandene Hausfrauen, mehr noch deren Männer, über die richtigen Anteile für die »Soße« eines solchen *classico* vehement debattieren. Spaghetti und andere *pastasciutta* (trockene Pasta) sind eben Vorspeisen auf dem Weg zum *abbacchio* oder zur s*altimbocca alla romana*, wunderbar dünnen Kalbsschnitzeln mit Schinken und Salbei.

Wenn es allerdings festlich wird, müssen Fettuccine her, die langen römischen Bandnudeln. Man kann sie kaufen in den Pasta-Manufakturen, von denen es leider im Centro Storico immer weniger gibt. Dort wird der vorbereitete Eiernudelteig durch die Maschi-

ne gedreht – Fettuccine oder lieber etwas breiter oder dünner? In der Trattoria werden sie selbst gemacht. *Ai funghi porcini* gibt es sie dann, mit Steinpilzen. *Al ragù*, mit Hackfleischsoße, ein Rezept aus der Ciociaria, dem Landstrich südlich von Rom. Das »Pommidoro«, Pasolinis Lieblingslokal in San Lorenzo, serviert sie mit frischem Gemüse. *Alla romana* sind sie mit Hühnerleber, Rotwein und Lorbeer. Auf Römisch heißen die Hühnerinnereien *regaglie* oder *rigaglie*, das leitet sich vom lateinischen *regalia* ab, eines Königs würdig. *Regalo*, das italienische Wort für Geschenk, hat denselben Stamm. Und tatsächlich ist ein Teller *Fettuccine alla romana* eine ziemlich königliche Angelegenheit.

FETTUCCINE ALLA ROMANA

*

für sechs Personen
900 g Fettuccine,
300 g gehacktes Rindfleisch,
Olivenöl,
Stangensellerie, 1 Karotte, 1 Zwiebel,
ein halbes Glas Rotwein, zwei Lorbeerblätter,
1 kg eingemachte Tomaten,
zwei feinst gehackte Hühnerlebern (oder -mägen),
Pfeffer und Salz

Hühnerinnereien säubern, fein hacken und etwa eine Viertelstunde lang gar kochen. Abgießen und beiseitestellen. Fein gehackte Zwiebel, Sellerie und Karotte in Olivenöl andünsten. Nach vier Minuten das Hackfleisch beigeben und für zwanzig Minuten schmoren lassen. Den Rotwein und die Lorbeerblätter zufügen, einkochen lassen und erst, wenn die Masse trocken wird, die Tomaten hinzugeben. Schließlich die Hühnerlebern hinzufügen und die Soße auf kleinster Flamme noch etwa eine Stunde köcheln lassen. Zum Schluss pfeffern und salzen und die Soße gut mit den »al dente« gekochten Fettuccine mischen.

Die Kunst der eigenen Pastaherstellung wird in den Familien vielleicht nicht mehr ganz so selbstverständlich weitergegeben wie früher. Doch nach wie vor sind gutes Essen und Trinken wichtigste Bedingung für Lebensqualität und Verwandte, Freunde oder auch Kollegen zum Abendessen einzuladen unverzichtbarer Bestandteil des gesellschaftlichen Lebens. *Facciamoci una spaghettata*, heißt es dann, aber natürlich handelt es sich niemals nur um einen einfachen Teller Spaghetti. Die Einladung zur *cena* beinhaltet immer mindestens drei Gänge. Plus *contorno*, zum Beispiel Salat. Die Gäste bringen den *vino* mit oder einen *dolce*, nämlich Torte oder Eis. Vor neun Uhr abends geht es nie los mit dem Essen. Dann sitzt man Stunden an der Tafel, die erst weit nach Mitternacht aufgehoben wird. Aber auch der *pranzo*, das ausgiebige Mittagessen, ist noch nicht ganz ausgestorben. Der sogenannte *pranzo d'affari*, das Geschäftsessen, kann sich ebenfalls ganz schön hinziehen, und *vino* gibt es natürlich auch dazu: Wer soll denn bei Wasser Verträge abschließen?

Sind wir jetzt *alla frutta*? Am Obst angekommen zu sein bedeutet auch: fix und fertig zu sein. Fehlt nur noch der *caffè*. Ein Espresso zum Abschluss des Mahls heißt in Rom einfach nur *caffè*. Vielleicht *al vetro*, im Glas. Oder *macchiato*, mit einem Fleckchen Milch. *Lungo* geht auch, verlängert mit ein wenig Wasser. Nein, natürlich trinkt man jetzt keinen *cappuccino*. Der *cappuccino* hat seine Zeit nach dem ersten Morgenespresso und vor dem Mittagessen, beim Frühstück in der Bar oder noch besser in der *torrefazione*, der Kaffeerösterei, von denen es immer noch einige gibt. Meine Lieblingsrösterei ist Ciamei in der Via Emanuele Filiberto, in der der beste Kaffee Roms bereitet wird und es ansonsten wenig mehr gibt. Jedenfalls keine Sitzplätze. Und wenn wir schon beim Thema Kaffee sind: In zwei Jahrzehnten habe ich noch nie einen Römer *latte macchiato* schlürfen sehen, noch nicht einmal im Kleinkindalter. Oder den *caffè* in Pappbechern auf die Straße tragen. Gruselig. Auch hat hier niemand eine der feudalen Espressomaschinen, wie man sie im Ausland als ein Stück italienischer Lebensart erwirbt. Für uns tut es die *macchinetta*, das zusammenschraubbare Maschinchen, dessen Röcheln der Startschuss für einen neuen Tag ist. Mein armer Schwager, der in San Francisco sein Leben fristen muss, will uns bei jedem seiner Heimatbesuche weismachen, wir bräuchten eine »richtige« Espressomaschine. Wozu?, fragen wir ihn dann. Wir leben in einer Stadt mit einer Million Kaffeebars und zwei Millionen *baristi*, die uns nur einmal gesehen haben müssen, um beim zweiten Mal schon zu wissen, ob wir Milch im Kaffee haben wollen oder Schnaps (*corretto*), ob wir ihn im Glas mögen oder in der Porzellantasse, lang oder kurz, dick oder dünn,

kochend heiß oder lauwarm… Und wenn man ihm das sagt, guckt mein Schwager immer ganz traurig.

Römer sind echte Küchenchauvinisten – ihre Toleranz allem Fremdländischen gegenüber hört beim Essen auf. Mit wohligem Schauder können sie von den unvorstellbaren Speisen fremder Länder berichten, unglaublich, was die Engländer essen, ganz zu schweigen von den Deutschen. Meine Schwiegermutter hatte wenigstens einmal auf einem Rheindampfer Erbsensuppe probiert und für gut befunden, aber mein Schwiegervater war jahrelang davon überzeugt, dass man in einem deutschen Restaurant allenfalls einen Schinkenteller zu essen bekommt. Er war 1966 zuletzt in Deutschland gewesen, zu einer Zeit, als in den Gastwirtschaften abends um neun die warme Küche schloss. Außerdem hatte er einmal aus Versehen in einem deutschen Supermarkt eine Dose Hundefutter ergattert. Als ich eines Tages voller Stolz aus meiner alten Heimat Westfalen einen Schinken mitbrachte, sagte meine Schwiegermutter nur: »Danke, mein Schatz, der ist bestimmt nicht schlecht zum Kochen. Weißt du, roh essen wir so was lieber nicht.« Vielleicht dachte sie auch an Hundefutter. Jedenfalls bekamen wir lange Zeit von beiden mit schöner Regelmäßigkeit Kisten voller Olivenöl geschickt – wohl weil sie in der Schreckensvorstellung lebten, ihre deutsche Schwiegertochter würde sonst nur mit Butter kochen.

Neuerdings aber gibt es in Rom – ausländische Restaurants. Afrikaner, Libanesen, Spanier. Und die angesagten Trattorien machen nicht mehr nur gesottenen Ochsenschwanz, sondern »Fusion«-Küche, die römische Variante von Multikulti-Küche. Couscous ist schon wieder out, Sushi hingegen schwer im Kommen auf den Terrassenpartys der High Society. Und wer noch nie beim Edelchinesen am Pantheon mit Metallstäbchen gebratenes Ferkel auf Wasserkastanien gegessen hat, der kann eigentlich auch nicht richtig mitreden. Aber das sind alles nur kleine bunte Flecken im Imperium der ewigen *cucina romana*. ℭ

BIRGIT SCHÖNAU, geboren 1966 in Hamm/Westfalen, hat ihr Studium der Journalistik und Geschichte mit einer Arbeit über Italien abgeschlossen. Sie war Rundfunkreporterin beim WDR. Seit 1992 lebt und arbeitet sie in Rom, seit 1998 berichtet sie als freie Korrespondentin für die *Süddeutsche Zeitung* und die *Zeit*. Der vorliegende Text ist der *Gebrauchsanweisung für Rom* entnommen, die bei Piper erschienen ist.

»ES HEISST, ROM SEI EINE METROPOLE.«

↗ MARIO ANTONUCCI ↗

*Mario, 70 Jahre alt, ist seit 40 Jahren »in piazza« –
das ist römischer Taxifahrerjargon und bedeutet: Taxifahrer.*

1. **Wer mich zum ersten Mal in Rom besucht, dem zeige ich** einen typischen Stadtteilmarkt.

2. **Wenn ich die Augen schließe und an Rom denke, sehe ich vor mir** die Größe seiner Gebäude und die unglaubliche Ingenieursleistung, die dahintersteht. Diese Bauten sind allesamt, vom Kolosseum bis zum Weltausstellungsgelände, beeindruckend und – bedenkt man jeweils ihre Entstehungszeit – technisch modern.

3. **Ich hasse Rom, wenn** ... Ich hasse Rom niemals.

4. **Hier ist Rom noch echt römisch:** in den Stadtvierteln Testaccio, Garbatella und Monti.

5. **Ein Klischee über Rom, das stimmt:** Es ist eine Stadt, die alle erdenklichen unterschiedlichen Kulturen aufnimmt.

6. **Ein Klischee über Rom, das nicht stimmt:** Es heißt, Rom sei eine Metropole. Aber das ist es nicht. Rom, das sind zahlreiche kleine Gemeinwesen, viele kleine, ineinander übergegangene Dörfer; es ist nicht – und wird auch nie sein, weder historisch noch materiell – eine der echten »Weltstadt«-Metropolen.

7. **Der Römer an sich ist** sehr humorvoll.

8. **Die Römerin an sich ist** geistreich und kommunikativ.

9. **An Rom wird unterschätzt:** seine letzten zwei oder drei Generationen. Es wird so viel über *romanità*, über »das Römische«, »die Römer« geredet. Dabei denkt man aber immer nur an die antiken Römer! Dabei waren die letzten zwei, drei Generationen großartig, in menschlicher Hinsicht! Das Volk, das wahre Volk, war so lange schlimmstem Hunger ausgesetzt, Männer und Frauen ließen sich alles Mögliche einfallen, um zu überleben! Mit unzähligen Kindern lebten sie in Baracken, und das dauerte bis in die fünfziger Jahre an! Und sie durchlebten eine Diktatur, die gemeinsam mit den Deutschen diese armen Teufel verfolgte und einsperrte! Um sie dann umzubringen. Diese Generationen haben dennoch die Kraft gehabt, sich wieder zu erheben, sich zu befreien und ihre Würde wiederzugewinnen. Die Jungen von heute verdanken *ihnen* ihren Wohlstand.

10. **Was an Rom überschätzt wird:** Wenn es um Modernität geht, ist Rom viel weniger lebenswert, als man glaubt. Wir werden nie die Londoner U-Bahn haben, sie werden nie unsere Korruption haben.

11. **Ein perfekter Tag in Rom beginnt** in der Bar um die Ecke, mit einem *caffè*.

12. **... und endet** in der fröhlichsten Trattoria, unten im Haus oder um die Ecke oder im Viertel. *Dove se magna bene e se spenne poco,* wo man gut isst und wenig zahlt. ↄ

CORSO

DAS URBI ET ORBI JOURNAL

Ein literarisches Kaleidoskop

mit

Alfred Andersch

Jan Assmann

Ingeborg Bachmann

Nicolas Born

Rolf Dieter Brinkmann

Jacob Burckhardt

Günter Eich

Falco

Federico Fellini

Max Frisch

Sigmund Freud

Robert Gernhardt

Ferdinand Gregorovius

Heinrich Heine

Andreas Gryphius

James Joyce

Helmut Krausser

Carlo Levi

Sibylle Lewitscharoff

Martin Luther

Conrad Ferdinand Meyer

Michel de Montaigne

Alberto Moravia

Rainer Maria Rilke

Herbert Rosendorfer

William Shakespeare

Stendhal

Mark Twain

Martin Walser

Josef Winkler

u. v. a.

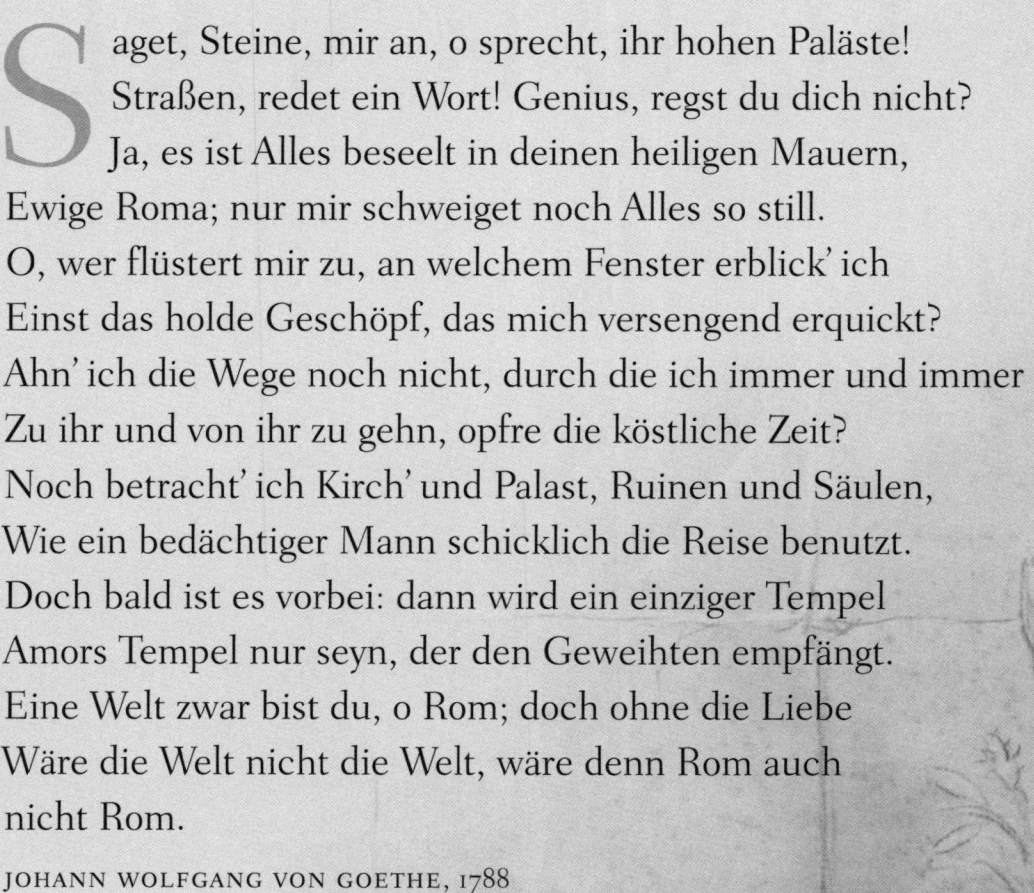

Saget, Steine, mir an, o sprecht, ihr hohen Paläste!
Straßen, redet ein Wort! Genius, regst du dich nicht?
Ja, es ist Alles beseelt in deinen heiligen Mauern,
Ewige Roma; nur mir schweiget noch Alles so still.
O, wer flüstert mir zu, an welchem Fenster erblick' ich
Einst das holde Geschöpf, das mich versengend erquickt?
Ahn' ich die Wege noch nicht, durch die ich immer und immer
Zu ihr und von ihr zu gehn, opfre die köstliche Zeit?
Noch betracht' ich Kirch' und Palast, Ruinen und Säulen,
Wie ein bedächtiger Mann schicklich die Reise benutzt.
Doch bald ist es vorbei: dann wird ein einziger Tempel
Amors Tempel nur seyn, der den Geweihten empfängt.
Eine Welt zwar bist du, o Rom; doch ohne die Liebe
Wäre die Welt nicht die Welt, wäre denn Rom auch
nicht Rom.

JOHANN WOLFGANG VON GOETHE, 1788

*Der Künstler, verzweifelnd vor
der Größe der antiken Trümmer,*
Johann Heinrich Füssli, 1778/1780

Donnerstag sind alle Läden nachmittags zu. Es war Donnerstag. –
Muschelige Monstren, breit ausgefächert, Bernini, wieder mal, geronnen in römischem Nachtschwarz mit Lichtflecken, die Luft lau, weiß-
gefleckt, die Weite des rechteckigen Platzes angenehm. – Da sind diese heftigen
Wechsel: vergammelte elende Straßen, düstere Seitengassen, und dann so ein
Platz, der Gegensatz kann nicht krasser sein, und auf dem Platz drängen sich
hängend die Bewohner der Seitenstraße. – »Jubelruf in Stein?«: ach, Quatsch! –
»Ewiges Rom?«: na, die Stadt jetzt ist das beste Beispiel dafür, daß die Ewigkeit
auch verrottet ist und nicht ewig dauert – Rom ist, das habe ich schnell begriffen,
eine Toten-Stadt: vollgestopft mit Särgen und Zerfall und Gräbern –
wie kann man da von Ewigkeit faseln?

ROLF DIETER BRINKMANN, 1972

Städtebaulich betrachtet, ist Rom weder eine Metropole wie Paris oder London, noch eine Megalopolis wie Rio de Janeiro oder Kairo geworden. Es ist ein Mittelding und weist ebenso die Mängel der Megalopolis wie die der Hauptstadt auf, ohne deren Vorzüge zu besitzen. Rom konserviert ein winziges monumentales Zentrum, das immer weiter zerfällt und immer nichtssagender wird.
ALBERTO MORAVIA, 1955

Die ganze Stadt tat sich vor mir auf, eine endlose Folge von Dächern, Terrassen, Fenstern und Kuppeln, eine lichte Weite aus luftigem Grau, zart leuchtendem Gelb, goldenen Rosatönen und altersmürbem Putz, der im Schatten leicht violett schimmerte. Alles erschien klar und fern, umgeben von fast dinghafter, getönter Luft, in der Myriaden staubfeiner goldener Teilchen zu schwirren schienen. Am äußersten linken Rand schloß, blau in der Entfernung, die Kuppel des Petersdoms die Häuserlandschaft ab ... Gleich hinter dem von weißen Barockstatuen gekrönten Mauergiebel des Hofes wölbte sich die aschgraue Kuppel des Pantheons; daneben wand sich der chinesisch anmutende Turm der Sapienza wie ein Schneckenhaus empor. (...) Umfriedet von den fernen Höhen, lag die Stadt da wie ein großes, regloses Bühnenbild. CARLO LEVI, 1950

Das verfluchte zweite Kissen
Johann Wolfgang von Goethe in seiner römischen Wohnung,
Zeichnung von Johann Heinrich Wilhelm Tischbein, 1786

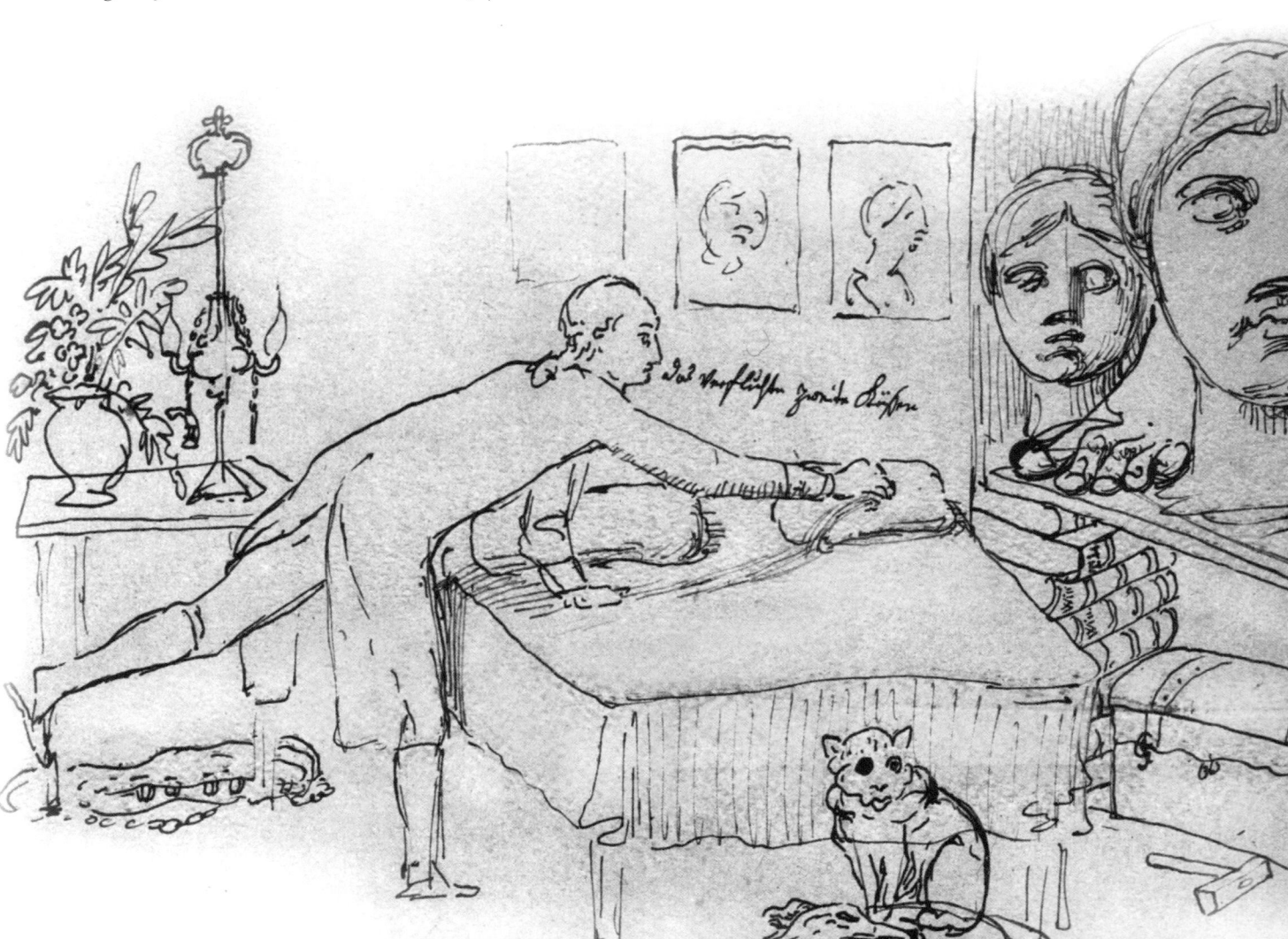

Ich gehe besorgt unter den Touristen auf dem Gian-
nicolo umher. Ich muß mit dem Bürgermeister
sprechen, sage ich mir. Diese Touristen werden das
Panorama Roms so lange betrachten, bis sie es abgenutzt haben; man muß dieses Panorama vor den ätzen-
den Blicken der Touristen schützen. Tausende und
Abertausende jedes Jahr. Langsam wird es abgenutzt,
Tag für Tag, und zuletzt wird nichts mehr übrig bleiben.
Ich trete an die kleine Mauer und sehe, daß das Panorama tatsächlich schon ein wenig verschwommen und
abgenutzt ist.　LUIGI MALERBA, 1981

Kaum zurück in der ewigen Dämmerung meines
Zimmers, des Zimmers 310, wurde ich förmlich
überfallen von dem Satz: Rom ist mein Jenseits. Zum Glück musste ich, wenn Sätze mich auf
diese Weise überfielen, nicht versuchen, mir die Richtigkeit oder Wahrheit solcher Sätze zu beweisen. Rom
ist mein Jenseits. Ganz klar war, dass der Satz keinesfalls hätte heißen können: mein Jenseits ist Rom. Zum
Glück gibt es dieses Gefühl, dass ein Satz stimmt.
Unnötig dazuzusagen: Für mich. In mir. Rom ist mein
Jenseits. Basta.　MARTIN WALSER, 2010

Die für den Ausländer geeigneten Gasthäuser
und Pensionen liegen in den besten Stadttei-
len. Hier ist stets auch eine große Zahl Privat-
wohnungen mit dem erforderlichen Komfort zu finden.
Südzimmer sind für den Schwächlichen unumgänglich
notwendig, selbst für den Gesunden nahezu Bedürfnis. *Dove non va il sole, va il medico*, sagt ein römisches
Sprichwort.　KARL BAEDEKER, 1903

Die Italiener machen drei oder vier Stunden
Mittagspause, wie ich annehme wegen des
genossenen Weines und wegen des Klimas,
und nach dem Essen legen sie sich für eine Siesta ins
Bett. Wenn man jung war, verbrachte man die Siesta zumeist nicht allein, besonders dann nicht, wenn einem
ein letto matrimoniale zur Verfügung stand, die Fenster
der Wohnung auf die Straße gingen und man einige
wenige kurze Sätze beherrschte, wie »Dove vai?« (»Wo
gehst du hin?«). Mein zynischer amerikanischer Journalist sagte mir, ich müsse, um mich in Rom zu amü-
sieren, nur zwei Dinge auf italienisch sagen können:
»Dove vai?« und »Quanto costa?« (»Wieviel?«)
TENNESSEE WILLIAMS, 1975

Während ein Herr Jedermann grade die
Künste einer jungen Dirne in vollen Zügen
genoß, begann gegen vierundzwanzig Uhr
das Ave Maria zu läuten. Da sprang sie mitten im Geschäft hoch, hüpfte aus dem Bett und kniete auf dem
Boden nieder, um dort ihr Gebet zu verrichten. Und
als sie später einem anderen zu Diensten war, pochte
plötzlich die Kuppelmutter an die Tür (denn namentlich die jungen unter ihnen werden von alten Zuhälte-
rinnen betreut, die für sie Mütter oder Tanten sind),
stürzte herein und riß ihr wutschnaubend ein Hals-
band mit einer kleinen Muttergottes ab, damit diese
nicht vom Schmutz ihres sündigen Treibens befleckt
würde – und das junge Ding zeigte sich auf der Stelle
äußerst zerknirscht darüber, daß sie vergessen hatte,
das Band wie gewohnt vorher abzunehmen.
MICHEL DE MONTAIGNE, 1581

»Vater … ?«

Taxifahrer: *könnte so aussehen und sprechen wie Roberto Benigni, in jedem Fall trägt er, während er gegen vier Uhr morgens mit seinem Taxi in Rom unterwegs ist, eine Sonnenbrille.*
Verlassenes Rom. Schöne Stadt. Die Römer haben Rom verlassen. Wo sind die Römer? Alle in Bergamo. Und was machen sie in Bergamo … ? Ich liebe alle diese Einbahnstraßen! Das ist wie Karussellfahren, alles dreht sich …
variiert den Anfang von Dantes »Göttlicher Komödie«.
»In der Mitte der Reise unseres Lebens, oh Freunde, wenn ich's in Worte fasse, fand ich mich selbst in einer Einbahnstraße …«
wird zur Vollbremsung gezwungen.
Diese Mauer war gestern noch nicht da …! Wie der heilige Petro, fahr ich retro. Und wie die heiligen Streiter, fahr ich weiter …
… und gelangt an einen vom Kreisverkehr umrundeten Brunnen, an dem ein Priester steht, ein älterer Herr von vielleicht 60 Jahren, mit schwarzer Soutane und schwarzer Kappe.
Ein Bischof allein in Rom um vier Uhr morgens!
Priester: Durch die Stadt, bitte. Nach Tiburtino.
T.: Tiburtino? Nicht zum Vatikan? Sind Sie kein Bischof?
P.: Nein, nicht zum Vatikan. Und ich bin kein Bischof.
T.: *nach längerer Pause, in der T. während der Fahrt immer wieder neugierig nach hinten geschaut hat …*
Vater, ich möchte Ihnen sagen, dass ich mich sehr geehrt fühle, einen Bischof in meinem Taxi zu fahren.
P.: Mein lieber Sohn, ich bin kein Bischof.
T.: Ja, ich weiß, Sie sind kein Bischof, aber …
P.: Mein Sohn, darf ich dich etwas bitten?
T.: Alles, Vater!
P: Könntest du deine Sonnenbrille abnehmen? Es ist gefährlich, nachts mit dunklen Gläsern zu fahren.
T.: *setzt die Sonnenbrille ab und betrachtet sie erstaunt.*
Ich habe sie heute Morgen aufgesetzt und vergessen, dass ich sie trage. Ich sehe jetzt besser. Danke! Ich fühle mich wie ein Blinder, dem das Augenlicht wiedergeschenkt wurde!
P., der schon beim Einsteigen nicht besonders gut aussah, nestelt mit schwerem Atem an seinem Kragen.
Alles in Ordnung, Vater?
P.: Alles in Ordnung, mein Sohn.
T. zündet sich munter eine Zigarette an; P. hustet demonstrativ. Als dies auch beim zweiten Mal nicht fruchtet, sagt er:
P.: Entschuldige, aber hier steht: RAUCHEN VERBOTEN.
T.: *kurbelt das Seitenfenster herunter, nimmt das lose auf der Konsole liegende Blechschild und wirft es aus dem Taxi.*
Ach ja, das Schild, wollte ich schon lange wegwerfen. Tut mir leid, Vater. Sie geben eines in jedes Taxi. Es ist lächerlich.
nach kurzer Pause:
Vater, ich weiß, es klingt etwas seltsam, aber da sind wir nun, allein, nachts in einem Taxi, und es ist etwas peinlich, aber ich möchte beichten.
P.: Aber das ist nicht der rechte Ort, mein Sohn.

T.: Ich weiß. Ich habe es schon gesagt, wir sind in einem Taxi, nicht in der Kirche, aber ich muss beichten, Vater.
P.: Lieber Sohn, der Akt der Beichte muss anonym bleiben. Die Kirche muss diese Anonymität bewahren. Andernfalls …
T.: *redet jetzt und im Folgenden mit atemberaubender Geschwindigkeit, sehr gestenintensiv und maximal mimisch.*
Aber ich verspreche, nichts zu verraten, und außerdem, ich bin kein Römer, ich bin aus der Toskana. Ich fahre dieses Taxi seit 15 Jahren hier in Rom. Und in all den 15 Jahren, ich schwöre es, habe ich nie zweimal dieselbe Person gefahren. Selbst wenn ich Sie in zehn Jahren wieder fahren werde, werde ich Sie nicht wiedererkennen. Und ich verspreche Ihnen, Sie nicht anzusehen. Ich muss ja auch noch fahren. Wenn Sie mir die Beichte abnehmen, müssen Sie die Fahrt auch nicht bezahlen. Wenn Sie meine Beichte nicht hören, komme ich in die Hölle.
P.: Aber das ist unmöglich.
T.: Vater, ich habe so viele Sünden zu bekennen. Als Erstes, als ich 12 oder 13 Jahre alt war, wenn Jungen zu Männern werden, wie man so sagt, und man beginnt, dieses Verlangen zu fühlen nach, wie soll ich es ausdrücken … nach Liebe, nach Sexualität, nach Sex! Man hat das Verlangen nach Erlösung! Sie verstehen? Dieses Verlangen zu stillen … Egal, ich lebte auf dem Land, und es gab nicht viele Frauen. Und obwohl du noch ein Kind bist, 12 oder 13 Jahre alt, fühlst du innerlich wie ein Mann, ohne Möglichkeit, diese … diese Lust explodieren zu lassen. So entstand die Idee, nicht meine, sondern die eines intelligenten Freundes, uns Erleichterung zu verschaffen mit … wir machten Liebe mit … wie soll ich es sagen? … mit Kürbissen. Warm, schön, weich, feucht, mit Samen drinnen, schön rund … Und wir … helfen Sie mir, die rechten Worte zu finden, Vater … wir verschafften uns Erleichterung mit Kürbissen.
P. blass, in Atemnöten.
Aber dann, mit einem bestimmten Alter, hörte ich auf. Ich weiß nicht, ob meine Freunde aufhörten, aber das ist ihre Sache. Ich hörte auf, weil ich fühlte, Vater – und da müssen Sie mir zustimmen –, weil ich als heranwachsender, feinfühliger, ja sogar religiöser Mann fühlte, dass Liebe etwas ist, was jeder braucht, aber nicht mit Gemüse, sondern mit etwas Lebendigem! Etwas, das sich bewegt, das warm ist, das einem in die Augen schaut. Etwas mit einer Seele.
Nun gut, es gab da ein …, ein Schaf. Ein schönes, kleines Schaf. Vater, Sie hätten es sehen sollen. Es war lieb, süß, hübsch, schön. Ich nannte es Lola. Kein hässliches, altes Schaf wie die anderen, sondern ein kleines. So zierlich, so fein! Weiche Wolle, zwei große Augen, die mich ansahen. Sie war es nämlich, die mich zuerst angesehen hat. Und was für eine süße, zarte Stimme!
macht hohes Lämmerblöken nach.
Ich war wie verzaubert. Nicht wie die anderen Schafe.
macht tiefes Schafsblöken nach.

Ihre Bewegungen waren so raffiniert. Sie kam zu mir, und irgendwie fand ich mich auf ihr.

P.s Augen werden größer, sein Atem wird schwerer.

Sie war so hübsch … sogar erotisch! Sie brachte mich in Verlegenheit, weil sie manchmal kam, wenn ich mit Freunden zusammen war. Sie kam her und strich um mich herum. Die Leute wurden aufmerksam. Es war peinlich. Und schließlich kam mein Vater dahinter. Eine scheußliche Erinnerung. Wissen Sie, was er getan hat? Er verkaufte sie an einen Fleischer. Er verkaufte meine Lola an einen Fleischer! Einen Fleischer namens Guido Rusticoni. Einen fetten, behaarten, verschwitzten Kerl. Grob, ungebildet. Wirklich hässlich, abstoßend. Er war schrecklich. Meine Lola an einen Fleischer – für 80.000 Lire.

Ich fühlte mich so elend, dass ich seither kein Fleisch mehr gegessen habe. Sogar jetzt noch, wenn man mich fragt: »Möchten Sie etwas Lamm?« »Ich, Lamm? Nein danke.« Ich esse auch kein Gemüse, wegen der Kürbisse. Ich esse überhaupt nicht mehr viel.

P. holt aus einer Tasche eine Pillendose, legt stöhnend ein paar kleine weiße Pillen auf seine Hand; sie fallen, während T. über ein Schlagloch fährt, auf den Wagenboden. Es sind seine letzten, in jeder Hinsicht.

Es war sehr traumatisch für mich. Was ich sagen möchte, ist, ich weiß, dass das schwere Sünden sind, Vater, aber es sind Sünden der Liebe.

T. hält neben zwei ihm offensichtlich bekannten Transvestiten am Straßenrand, um Small Talk zu machen und ihnen stolz seinen Fahrgast zu zeigen. Im Verlauf des Gesprächs wird der – halb fassungs-, halb besinnungslos aus dem Fenster starrende – Priester als »süßer kleiner Bischof« bezeichnet und einer der Transvestiten seine ebenso roten wie aufgespritzten Lippen an des Priesters Fenster drücken. Die Fahrt geht weiter; der Priester verbraucht seine letzten Kräfte für den, erfolglosen, Versuch, die Pillen vom Boden aufzulesen.

Also, mein Bruder Vincenzo lebt auch hier in Rom. Er ist Installateur. Repariert Wasserrohre. Einmal lud er mich zum Abendessen ein, er und meine Schwägerin. Monica. Also ging ich zu ihnen. Sie haben auch eine Hündin, sehr niedlich. Nach dem Abendessen – ich sagte ja, dass er Installateur ist – kam ein Notruf. Irgendwo waren die Wasserrohre geplatzt, ich weiß nicht mehr, wo. Überall Wasser, Wasser … Und wie der Blitz rannte er mit seinem Werkzeug weg.

P. atmet rasselnd.

Und ich war allein mit Monica. Monica ist schön! Sie sollten sie sehen. Eine wirklich schöne Frau, Vater, wirklich schön. Sie mag mich wirklich. Sie sieht mich immer mit diesen seltsamen Schwägerinnen-Augen an. Bei der Hochzeit sagte ich: »Meinen Glückwunsch!« Aber sie sah mich so seltsam an. Sie hat meinen Bruder geheiratet, und wir sind derselbe Typ. Ich bin sogar attraktiver als er.

P.s Augen zeigen immer mehr Weißes, sein Kragennesteln dagegen keine Wirkung.

Wir waren also allein, ich und Monica. Sie begann mit dem Abwasch. Als sie sich vorbeugte, saß ich so hinter ihr, und aus dieser Position sah ich zwei Backen! Einen göttlichen Hintern! Mit einem winzigen Höschen, das etwas hochgerutscht war, so dass man eine ganze Backe sehen konnte! Die andere war halb bedeckt. Vater, ich konnte mich nicht mehr beherrschen! Sie drehte sich um und sah mich mit diesen Augen an … und auf einmal war ich auf ihr. Vater, dieser herrliche Hintern! Rosig, weich, rund wie ein Kürbis! Dieses weiche, wollige Höschen erinnerte mich an das Schaf. Der Kürbis, das Schaf, die Frau meines Bruders … Ich war heiß! Dann lagen wir auf dem Boden, unter dem Tisch! Es war wunderschön! Diese Lust! Wir genossen es wie … stellen Sie sich das vor, Vater … Der Himmel auf Erden! Ich sagte zu mir: »Aber das ist die Frau deines Bruders!« Aber ich konnte nicht aufhören! Und ich wiederholte es: »Es ist die Frau deines Bruders! Hör auf!« Aber ich konnte nicht! Es dauerte Stunden!

macht eindeutige Bewegungen und Töne.

Und sie schrie! Und ich schrie!

T. schreit. P. auch.

Es war schrecklich. Es war schön.

P. stirbt, sein Kopf sackt gegen die Tür, die Augen offen.

Ich drehte sie um, bedeckte sie mit Küssen, ihren Hals, ihre perfekten Brüste … Ich blieb die ganze Nacht. Ich ging nie wieder hin, weil sie die Frau meines Bruders ist, obwohl er nie etwas bemerkt hat. Jetzt lächelt sie, wann immer sie mich sieht, und ich sage: »Erinnerst du dich, wie wir wie Tiere auf dem Boden gefickt haben?« Es war wie im Paradies! Meine großartige Schwägerin! Ich weiß nicht, ob Sie schon einmal mit Ihrer Schwägerin geschlafen haben, Vater, aber Sie sollten es versuchen, es ist absolut himmlisch. Und dann beichten Sie einfach. Es ist unglaublich. Vater, ich weiß, dass diese Sünden gebeichtet werden müssen, aber sie waren so wunderbar.

Ich habe Sie doch nicht aufgeregt, Vater?

schaut nach hinten.

Vater …?

ℭ Transkript der Rom-Episode aus Jim Jarmuschs Film *Night on Earth* aus dem Jahr 1991 mit Roberto Benigni als Taxifahrer, von uns gekürzt und mit Regieanweisungen versehen.

Rom ist angenehm, der Papst läßt mich in Ruh.

MAX FRISCH, 1960

Auf sieben Hügeln ist Rom gebaut,
Die Tiber thut dorten fließen;
Auch hab' ich in Rom den Papst gesehn,
Der Papst, er lässt dich grüßen.
HEINRICH HEINE, 1836

PAPST PIUS VII. HAT IM JAHRE 23 SEINES PONTIFIKATS

DAS AREAL VOR DEM PANTHEON DES MARCUS AGRIPPA,

DAS VON UNVORNEHMEN TAVERNEN BESETZT WAR,

DURCH DEN UMSICHTIGSTEN ABBRUCH

VON SEINER VERHASSTEN VERUNSTALTUNG BEFREIT

UND ZU FREIEM AUSBLICK AUF DEN ORT

OFFEN SICH DARBIETEN LASSEN.

Lateinische Inschrift an der Front des Hauses Nr. 14
auf der Piazza Rotonda, unmittelbar über McDonald's

Wir schauen von der Kuppel der Peterskirche auf viele die Aufmerksamkeit fesselnde Dinge herunter; und zuletzt ruhen unsere Augen auf einem Gebäude fast zu unseren Füßen, das einst der Sitz der Inquisition war. Wie sich die Zeiten geändert haben; vom Altertum bis zur Neuzeit! Vor einigen siebzehn- oder achtzehnhundert Jahren war es bei den unbedarften Römern so üblich, Christen in die Arena des Kolosseums da drüben zu treiben und zur Belustigung die wilden Tiere auf sie loszulassen.[c] Es diente zugleich als Lehre. Es sollte die Menschen dazu erziehen, die neue Lehre, die von den Anhängern Christi verkündet wurde, zu verabscheuen und zu fürchten. Die Tiere zerrissen die Opfer Glied um Glied und machten im Handumdrehen arg verstümmelte Leichen aus ihnen. Aber als die Christen an die Macht kamen, als die heilige Mutter Kirche Herrin der Barbaren wurde, belehrten sie diese über die Irrwege ihres Tuns nicht mit solchen Mitteln. Nein, sie brachten ihnen diese angenehme Inquisition und wiesen sie auf den heiligen Erlöser hin, der so mild und barmherzig zu allen Menschen war, und sie nötigten die Barbaren, ihn zu lieben; und sie taten alles, was sie nur konnten, um sie dazu zu bewegen, daß sie ihn lieben und ehren – zuerst, indem sie ihnen die Daumen mit einer Schraube aus den Gelenken drehten; dann, indem sie ihr Fleisch mit Zangen kniffen – rotglühenden, weil diese bei kaltem Wetter am angenehmsten sind; dann, indem sie ihnen bei lebendigem Leibe ein bißchen die Haut abzogen; und schließlich, indem sie sie öffentlich brieten. Stets überzeugten sie diese Barbaren. Die wahre Religion, richtig dargebracht, wie sie die gute Mutter Kirche darzureichen pflegte, ist sehr, sehr beruhigend. Sie ist auch wunderbar überzeugend. Es besteht ein großer Unterschied dazwischen, die Leute an wilde Tiere zu verfüttern oder bei einer Inquisition ihre feineren Gefühle aufzurühren. Das eine ist das System entarteter Barbaren, das andere das erleuchteter, zivilisierter Menschen. Es ist sehr schade, daß die fidele Inquisition nicht mehr ist.   MARK TWAIN, 1869

[c] Ein Beleg dafür, dass im Kolosseum Christen hingerichtet worden wären, existiert nicht.

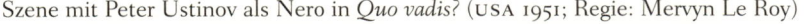

Szene mit Peter Ustinov als Nero in *Quo vadis?* (USA 1951; Regie: Mervyn Le Roy)

Als die Leiche Pius des Sechsten prächtig eingebracht wurde, damit die Exequien noch prächtiger gehalten werden könnten, erhob sich selbst aus dem gläubigen Gedränge ein Fünkchen Vernunft in dem dumpfen Gemurmel, daß man so viel Lärm und Kosten mit einem Toten mache, und die Lebendigen im Elende verhungern lasse. Rom ist oft die Kloake der Menschheit gewesen, aber vielleicht nie mehr als jetzt. Es ist keine Ordnung, keine Justiz, keine Polizei; auf dem Lande noch weniger als in der Stadt: und wenn die Menschheit nicht noch tiefer gesunken ist, als sie wirklich liegt, so kommt es bloß daher, weil man das Göttliche in der Natur durch die größte Unvernunft nicht ganz ausrotten kann. Du kannst denken, mit welcher Stimmung ein vernünftiger Philanthrop sich hier umsieht.
JOHANN GOTTFRIED SEUME, 1802

Als ich am Palmsonntag in eine Kirche zur Vesper ging, erblickte ich ein Kind, das auf einem Stuhl neben dem Altar saß: in ein großes, völlig neues Gewand aus blauem Taft gekleidet, statt Kopfbedeckung nur einen Kranz aus Olivenzweigen tragend. In der Hand hielt es eine brennende weiße Wachskerze. Es war ein auf Befehl des Papstes an ebendiesem Tag aus dem Gefängnis entlaßner etwa fünfzehnjähriger Knabe, der einen anderen getötet hatte. MICHEL DE MONTAIGNE, 1581

Ich saß mit meinem Freund Gigo vor Beginn der Messe in der Kirchenbank. Man muss rechtzeitig da sein, um einen Platz zu bekommen. Sind alle Sitzplätze belegt, wird mit einer Kordel abgesperrt, und Stehplätze gibt es dann nur ganz weit hinten. So saßen wir also eine Viertelstunde vor Beginn, und zwar, das ist hinzuzufügen, nicht in touristischer Freizeitadjustierung, sondern in anständigen Anzügen mit Hemd und Krawatte. Da kam ein unaussprechlich feiner Herr, den eine Plakette als vatikanischen Beamten auswies, und fragte in höflichstem Ton, welcher Nation wir angehörten. »Tedeschi.« – Ob einer von uns

bereit sei, die »Lectio« zu halten. Ich sagte zu. Es ist nämlich bei diesem Hochamt üblich, dass die Lectio, also der Epistelbericht vor dem Evangelium, in verschiedenen Nationalsprachen gelesen wird, so viele verschiedene, wie der freundliche Herr eben an entsprechenden Freiwilligen auftreiben kann: meist Englisch, Deutsch, Französisch. – Nach kurzer Unterweisung durfte ich mich mit einigen anderen Freiwilligen neben den Altar setzen, bekam das Missale in meiner Landessprache, und als ich dann auf einen dezenten Wink an der Reihe war, las ich – ich! – mit durch die Peterskirche hallender (mikrophonverstärkter) Stimme den Epistelbericht. HERBERT ROSENDORFER, 2008

Das römische Volk hat vielleicht von allen Europäern die meiste Vorliebe für feine und bissige Satire. Sein scharfer Geist erfaßt die flüchtigsten Anspielungen mit Begier und Behagen. Gerade die Trostlosigkeit der Zustände macht es glücklicher als z. B. das Volk von London. Seit dreihundert Jahren gewöhnt, seine Leiden als ewig und unvermeidlich anzusehen, ergrimmt der römische Bürger nicht über den Minister und wünscht ihm nicht den Tod; denn dieser Minister wird bald durch einen ebenso schlimmen abgelöst. Was das Volk vor allem verlangt, das ist, sich über die Machthaber lustig zu machen und sie zum Besten zu haben. (…)

Der Römer erscheint mir allen anderen Völkern in jeder Hinsicht überlegen: er besitzt mehr Charakterstärke, Schlichtheit und ungleich mehr Geist. Man gebe ihm für zwanzig Jahre einen Napoleon, und die Römer werden das erste Volk der Welt sein. Das könnte ich leicht beweisen, wenn ich Raum genug zur Verfügung hätte. (…)

Nächst Smolensk hat Rom die schönste Lage von allen nicht am Meere gelegenen Städten und zugleich die unzivilisierteste Bevölkerung. Ich glaube fest, und dies auf Grund von zweihundert Anekdoten, die ich aus guten Gründen nicht niederschreibe, daß es weniger Mühe kosten würde, die Wilden vom Eriesee zu zivilisieren als die Bewohner des Patrimoniums Petri.
STENDHAL, 1817

Sei gegrüßt, du heiliges Rom,
ja rechtschaffen heilig von der Märtyrer Blut, das da vergossen ist!

✧

Ich war auch ein so toller Heiliger, lief durch alle Kirchen und Kluften,
glaubte alles, was daselbst erlogen und erstunken ist.

✧

Wer gen Rom kam und brachte Geld,
der kriegte Vergebung der Sünden.
Ich als ein Narr trug auch Zwiebeln gen Rom
und brachte Knobloch wieder.

✧

Ich verstehe die Italiener nicht, und sie verstehen mich nicht.

MARTIN LUTHER, 1510

Wann immer man auf die Vorzüge Roms zu sprechen kam, pflegte ich zu sagen, es sei die weltbürgerlichste Stadt schlechthin, wo man sich am wenigsten darum kümmert, ob einer fremd ist oder aus welch andrem Land er kommt. Es entsprach ihrer Natur, daß sie sich aus Fremden zusammenfügte: Jeder fühlt sich hier wie zu Hause. Ihr Herrscher umfaßt die ganze Christenheit als oberste Autorität. Seine höchstrichterliche Rechtsprechung gilt wie hier so für die Fremden am heimischen Herd. Bei seiner eignen Wahl und der aller Fürsten und Großen seines Hofs fällt die Frage der Abstammung überhaupt nicht ins Gewicht. Auch Venedig wird zwar wegen seiner freiheitlichen Verwaltung und der günstigen Geschäftsbedingungen von Fremden bevölkert – aber sie sind nur wie zu Besuch. Hier in Rom hingegen haben sie ihre eigenen Ämter, Güter und Aufgaben, denn es ist der Sitz der Kleriker. Sieht man also in Venedig ebenso viele oder noch mehr Fremde (denn der Zulauf von Fremden nach Frankreich oder Deutschland oder sonstwohin kann als Vergleich überhaupt nicht herangezogen werden), so doch an solchen, die sich niederlassen und ortsansässig werden, viel weniger. Daher regt sich das gemeine Volk hier denn auch über unsre Art der Kleidung – oder die spanische oder die deutsche – keineswegs heftiger auf als über die eigne, und kaum trifft man je auf einen Bettler, der uns nicht in unserer Sprache um ein Almosen bäte.

Aus diesem Grund verwandte ich all meine naturgegebnen fünf Sinne darauf, den Titel eines römischen Bürgers zu erwerben, und sei es nur um der Ehre und des Ansehns willen, die er seit der Antike genießt und die mich zu ihm aufschaun lassen. MICHEL DE MONTAIGNE, 1581

Die spinnen, die Römer!

OBELIX, 50 V. CHR.

Auff einen vngeschickten Römer

Kan Rom dich nicht gelehrt/ vnd nicht geschickter machen/
Wo es an keiner kunst/ an keiner weißheit fehlt/
Wo die Scharffsinnigkeit selbst jhren sitz erwehlt.
Wo die vernunfft durchsucht der Fürsten höchste sachen?
Was täglich wächst/ was steht/ was sich dem grimmen Rachen
Der zeit die alles frist entzeucht; was sich vermählt.
Der greisen Ewigkeit/ was lange Jahre zehlt/
Sihst du; doch wer dich siht/ muß deiner grobheit lachen.
Hier haw't man Marmel aus/ hier schleifft man Diamand/
Porfirr/ (wie hart er auch) weicht der gelehrten hand
Von welchem Steinriß hat man dein Gehirn genommen?
Man glaubt/ daß diese Lufft den frembden schädlich sey:
Ich schaw das wiederspiel/ Ich bin von Seuchen frey
Dir ist die Röm'sche Lufft in warheit nicht bekommen.
ANDREAS GRYPHIUS, 1650

Junge Römer

Junge Römer, junge
Der Lorbeerkranz, ein neuer Tanz
schwingt Rhythmus in die Hüften der Stadt
Man sieht und kennt und sagt sich
was diese Nacht zu sagen hat
Fragt nicht nach neuen alten Werten
Seht weißes Licht, seht nur Gefühl
Die Nacht gehört uns bis zum Morgen
Wir spielen jedes Spiel
Laß diese Reise niemals enden
Das Tun kommt aus dem Sein allein
Allein aus Dimensionen, die
Illusionen und Sensationen lohnen
Give me more …
Junge Römer – tanzen anders als die andern
Sie lieben ihre Schwestern lieber, lieber als den Rest der Welt
Frag' junge Römer – kennt ihr die Sonne noch,
sie kennt die Sorgen
Junge Römer – die Nacht ist jung wie ihr,
vergeßt das Morgen (…)
FALCO, 1984

MUSIKEN

Die corsofolio-Auswahl

Ottorino Respighi
Römische Trilogie
1916–1928

Claudio Villa
Vecchia Roma
1948

Mario Lanza
Arrivederci Roma
1957

Antonello Venditti
Roma capoccia
1972

Gianmaria Testa
Gli amanti di Roma
2007

Römische Energie

Bleib stehen vor dem Kopf des Elefanten
    auf der Piazza Minerva
ungefähr zwei Minuten, dann steck dir
    eine Super Filter an
rauch hastig und greif dir verstohlen
    ans Portemonnaie
dann geh in Richtung Pantheon, das du
    links liegen läßt nicht ohne
bewundernde . . . .
    trink in einer kleinen Bar einen
Caffee doppio, zahl und leg dem
    Kellner 10 Lire auf die Bar.
Geh grußlos und verfranse dich
in Straßen, erreiche schließlich die
    Piazza Colonna und lies ein
Stück der ausgehängten Il Popolo,
versteh nicht viel von alldem und geh
    weiter
schüttle einen Uhrenverkäufer ab auf der
    Tritone, den du wiedersehen wirst.
    (er dich nicht)
eine Stunde später auf der Torre Argentina,
    denk dabei vorübergehend an mich, dem du
diese ganze Energie verdankst.

    So, nun hast du pausenlos erkannt was ich
erkannte – ich habe Stellen, Tätigkeiten aufge-
zählt zum Wiedererkennen, und wenn du
jetzt mal nach dem eigenen Kopf
siehst du, hier ist die Stelle die ich
    dafür freigelassen . . . . . .

. . . .

wenn du auf den Palatin gehst, bedenk
daß vorher einer da war, nämlich ich
und wenn du im Glietto Spigola ißt, bedenk,
ich hab dort eine gegessen die du
    nie mehr essen wirst
leg die Hand in die Wunden der Trajanssäule
    – spürst du die meine, etwas älter
übrigens habe ich geschwitzt und schwitzig
    war das alles, schwitzende Plätze
und Schwitzen an Kiosken und Büffets
    gilbe Magazine voller Backen oben unten
und vorn, sie näßten die Piazza del Popolo,
    der Schweiß an Geld und Busbilletten
    kommt in den Kopf zurück
und die Schalen der Wassermelonen lassen
    die Gehsteige quietschen
und wer tötet hier die Katzen
    und die Elegien?
Verdammt, sag dreimal laut mit deinen
    eigenen Worten, wie wichtig Kunst ist,
die vielen Katzenleben hinterm Leben.
Träum im abgedunkelten Zimmer am Mittag
    in Rom
leg die Hand auf den Fuß in der Via Sebastia
    hier ist meine Hand auf der Stelle
und du fühlst Römische Energie.
Hier in den Cafes und in Autos,
wird die Energie nur außen getragen
aufgezogen auf Blech und in der Campagna
Betongerüste die den Blick zerschneiden.
Hier macht Peter K. mich aufmerksam auf
drei Frauen, die nachttief sitzen vor der Tür
und auf nachtwandelnde Wassermelonen.

Wenn die Geschichte von damals bis zu uns
        (wir sind so frei)
ein Ramsch war, leben wir im Ramsch
und auf den toten Zellen und Ruinen.
Absolut ist die Magnolienblüte
sie ist kein Stolz und auch kein Gegenteil
und doch zahl ich für jede bess're Welt
        was ein, und freue mich
an Mord- und Diebsgeschichten
an den kleinen zähen Kommunisten
die heute keine Römer mehr sind.
        Schön auch sind die Frauen der jungen
        Faschisten
wären sie frei, wären sie erst recht nicht
        gleich bei uns.
Ich geh ins Kino: »Più forte, Ragazzi«. Die Römer
        sitzen im Kino. Alle. Sie stöhnen furchtbar
unter den Schlägen des »Dicken«. Zwischendurch
        leichtmachende Sportflüge. Die Römer heulen. Das
Popcorn quietscht. Die Dachluken sind schräg nach
        obenhin geöffnet und man sieht im Flug ein wild
entschlossenes Wohnen der Römer; in 6 bis 7 Schichten
        übereinander, nur damit wieder jemand ganz
oben einen Dachgarten eggen läßt. Jäten.
Der Film ist Knochenarbeit über volle Längen.
Die Römer gehen durch Dick und Dünn.
Billardkugeln segeln nach Belieben durch das Leben
im Film. Kennen Sie Gelati? Das gibt es hinter-
her. Der Römer geht mit der Zunge sofort ganz
durch. Kleenex staut sich im Rinnstein
Tropfen auf der Zuckerwade. Zuckerwatte? Hier!
Die Fiat-Riemchen ächzen im Stehen.

Fausto Bruno, 23, Chauffeur, aufgeweckt,
tüchtig, darf seine Freundin nur Sonntags
sehen, bei ihr zuhause in Begleitung oder
        im »Ristorante«. Gewiß, der Westeuropäer
»würde« lächeln, doch offener Dünkel stünde ihm
        schlecht zu Gesicht.
Wie weit weg ist Rom von der ekelhaft pseudosierenden
Libertinage, doch wie nah dem verpesteten Ostia.

Es ist hoffnungslos, hier mit Geschichte fortzufahren,
        ohne Meißel und Hammer und Sense
machen wir denn da weiter oder wird nur weiter gemacht?
        Oder sollte das Museum schließen, autarkes Rom,
voll Fischsterben und Busse, von der Geschichte selber
        angetrieben, die im Kreis, aurelianisch drehn
Runde um Runde, mit den Pepitahüten der Amerikaner
        und den Shorts der Deutschen, 12.000 Aposteln
        und ihrer Diplomaten, mit den kleinen 500er
Eierpfannen von Fiat? O Formulierung, ich habs
        satt, bin müde, liebe Energie, und im Grunde
will ich Rom nicht untergehen sehn, doch seh ichs
untergehen. Und hier ist es wirklich genug. Wo
gehn wir essen? In Rom. Das ist es, was wir
heute abend machen mit Rom und das ist genauso
Geschichte, wie ein Genickschuß bei Tivoli.
Eins ist sicher, Rom ist größer als mein Kopf,
also ist in meinem Kopf kein bessres Rom
das einmal Roms Platz einnehmen könnte.
NICOLAS BORN, 1973

Ich habe den machtvollen Geist Michelangelos immer verehrt – jenes Mannes, der groß war in Poesie, Malerei, Bildhauerei, Architektur – groß in allem, was er unternahm. Aber ich mag nicht Michelangelo zum Frühstück – zum Mittagbrot – zum Tee – zum Abendbrot – zwischen den Mahlzeiten. Ich liebe gelegentlich eine Abwechslung. In Genua hat er alles entworfen; in Mailand haben er oder seine Schüler alles entworfen; er entwarf den Comer See; über wen anders hörten wir in Padua, Verona, Venedig, Bologna jemals etwas von den Fremdenführern als über Michelangelo? In Florenz hat er alles gemalt, hat er fast alles entworfen, und wenn er etwas nicht entworfen hatte, so hatte er es sich zur Gewohnheit gemacht, sich auf einen Stein davor zu setzen und es zu betrachten, und man zeigte uns den Stein. In Pisa hat er alles außer dem alten Schiefen Turm entworfen, und man hätte ihm auch diesen zugeschrieben, wenn er nicht so furchtbar von der Senkrechten abwiche. Er hat die Kais von Livorno entworfen und die Zollvorschriften von Civitavecchia. Aber hier – hier ist er schrecklich. Er hat die Peterskirche entworfen; er hat den Papst entworfen; er hat das Pantheon, die Uniform der päpstlichen Garde, den Tiber, den Vatikan, das Kolosseum, das Kapitol, den Tarpejischen Felsen, den Palazzo Barberini, die Kirche San Giovanni in Laterano, die Campagna, die Via Appia, die sieben Hügel, die Thermen des Caracalla, die Aqua Claudia, die Cloaca Maxima entworfen – der ewig langweilige Mensch hat die Ewige Stadt entworfen, und wenn nicht alle Menschen und Bücher lügen, so hat er alles, was in ihr ist, gemalt! Dan sagte neulich zum Fremdenführer: »Genug, genug, genug! Hören Sie auf! Fassen Sie das Ganze zusammen! Sagen Sie, der Schöpfer schuf Italien nach Entwürfen Michelangelos!«

Ich hatte noch nie das Gefühl einer so inbrünstigen Dankbarkeit, einer so tiefen Besänftigung und Ruhe empfunden, noch nie so einen gesegneten Frieden in mir getragen wie gestern, als ich erfuhr, daß Michelangelo tot sei.

Es gibt eine Bemerkung (…), die bisher noch nie verfehlt hat, diese Führer anzuekeln. Wir gebrauchen sie immer, wenn uns nichts anderes zu sagen einfällt. Wenn sie ihre Begeisterung dadurch erschöpft haben, daß sie uns die Schönheiten eines alten nachgedunkelten Bildnisses oder einer Statue mit zerbrochenem Bein zeigten und priesen, schauen wir diese einfältig und schweigend fünf, zehn, fünfzehn Minuten lang an – tatsächlich so lange, wie wir es aushalten können – und fragen dann: »Ist – ist er tot?« Das macht die gelassensten von ihnen fertig. MARK TWAIN, 1869

Aber Rom ist, wo du hinschaust, schön. Du brauchst gar kein Ziel. Es kann an keinem Ziel schöner sein als es überall ist. Und schon stand ich vor einem Schaufenster, in dem nichts zu sehen war als eine einzige Krawatte. Und ich blieb stehen und schaute. Dieses Schaufenster war kein bisschen zu groß für eine einzige Krawatte. Die Krawatte war fast unwichtig. Gut, sie war schon schön, aber sie war hauptsächlich schön, weil das ganze Schaufenster kein bisschen zu groß war, ihr zu dienen. Ein Schaufenster, als die Schaufenster noch menschliche Maße hatten. Und so weiter.   MARTIN WALSER, 2010

Rom selber fesselt mich jetzt mehr wie jemals. Es ist mir wie Schuppen von den Augen gefallen, und ich fange an, den Wert eines Tages einzusehen, den man hier mit ruhigem Geiste und mit eröffneten Sinnen zubringt. Und ist es ein Wunder, wenn der Reichtum von Gegenständen, der sich hier zusammendrängt, den Ankommenden zuerst in ein dumpfes Erstaunen versetzt? – Das Schöne ist mächtiger als die Einbildungskraft, und rächt sich an ihr durch Betäubung, wenn sie es auf einmal fassen will. So wie man aus dieser Betäubung erwacht, enthüllt sich allmählich den ruhigern Sinnen, was vorher nur dunkel vor der Seele schwebte. Ein sanftes Gefühl des Schönen tritt an die Stelle der unruhigen Begier. Man greift dem Moment der Empfindung nicht mehr vor, und das Gemüt bleibt jedem Eindruck offen.
KARL PHILIPP MORITZ, 1786–1788

Nun bin ich sieben Tage hier, und nach und nach tritt in meiner Seele der allgemeine Begriff dieser Stadt hervor. Wir gehen fleißig hin und wider, ich mache mir die Plane des alten und neuen Roms bekannt, betrachte die Ruinen, die Gebäude, besuche ein und die andere Villa, die größten Merkwürdigkeiten werden ganz langsam behandelt, ich tue nur die Augen auf und seh' und geh' und komme wieder, denn man kann sich nur in Rom auf Rom vorbereiten (…).

Wenn man so eine Existenz ansieht, die zweitausend Jahre alt und darüber alt ist, durch den Wechsel der Zeiten so mannigfaltig und vom Grund aus verändert und doch noch derselbe Boden, derselbe Berg, ja oft dieselbe Säule und Mauer, und im Volke noch die Spuren des alten Charakters, so wird man ein Mitgenosse der großen Ratschlüsse des Schicksals, und so wird es dem Betrachter von Anfang schwer, zu entwickeln, wie Rom auf Rom folgt, und nicht allein das neue auf das alte, sondern die verschiedenen Epochen des alten und neuen selbst aufeinander.
JOHANN WOLFGANG VON GOETHE, 1786–1788

Nun machen wir die phantastische Annahme, Rom sei nicht eine menschliche Wohnstätte, sondern ein psychisches Wesen von ähnlich langer und reichhaltiger Vergangenheit, in dem also nichts, was einmal zustande gekommen war, untergegangen ist, in dem neben der letzten Entwicklungsphase auch alle früheren noch fortbestehen. Das würde für Rom also bedeuten, daß auf dem Palatin die Kaiserpaläste und das Septizonium des Septimius Severus sich noch zur alten Höhe erheben, daß die Engelsburg noch auf ihren Zinnen die schönen Statuen trägt, mit denen sie bis zur Gotenbelagerung geschmückt war, usw. Aber noch mehr: an der Stelle des Palazzo Caffarelli stünde wieder, ohne daß man dieses Gebäude abzutragen brauchte, der Tempel des Kapitolinischen Jupiter, und zwar dieser nicht nur in seiner letzten Gestalt, wie ihn die Römer der Kaiserzeit sahen, sondern auch in seiner frühesten, als er noch etruskische Formen zeigte und mit tönernen Antifixen geziert war. Wo jetzt das Coliseo steht, könnten wir auch die verschwundene Domus aurea des Nero bewundern; auf dem Pantheonplatze fänden wir nicht nur das heutige Pantheon, wie es uns von Hadrian hinterlassen wurde, sondern auf demselben Grund auch den ursprünglichen Bau des M. Agrippa; ja, derselbe Boden trüge die Kirche Maria sopra Minerva und den alten Tempel, über dem sie gebaut ist. Und dabei brauchte es vielleicht nur eine Änderung der Blickrichtung oder des Standpunktes von Seiten des Beobachters, um den einen oder den anderen Anblick hervorzurufen.

Es hat offenbar keinen Sinn, diese Phantasie weiter auszuspinnen, sie führt zu Unvorstellbarem, ja zu Absurdem. Wenn wir das historische Nacheinander räumlich darstellen wollen, kann es nur durch ein Nebeneinander im Raum geschehen; derselbe Raum verträgt nicht zweierlei Ausfüllung. Unser Versuch scheint eine müßige Spielerei zu sein; er hat nur eine Rechtfertigung; er zeigt uns, wie weit wir davon entfernt sind, die Eigentümlichkeiten des seelischen Lebens durch anschauliche Darstellung zu bewältigen.

SIGMUND FREUD, 1930

Die Kultur ist ein Palimpsest und gleicht auch darin dem individuellen Gedächtnis, für das ja Sigmund Freud die Stadt Rom als eine Lieblingsmetapher verwendete. Rom besteht eben gerade nicht nur aus einem gewaltigen Freilichtmuseum, in dem die Vergangenheit konserviert und ausgestellt ist, sondern aus einem unentwirrbaren Ineinander von Altem und Neuem, Verbautem und Verschüttetem, Wiederverwendetem und Ausgesondertem. So entstehen Spannungen, Verwerfungen, Antagonismen, zwischen dem Zensierten und dem Unzensierten, dem Kanonischen und dem Apokryphen, dem Orthodoxen und dem Häretischen, dem Zentralen und dem Marginalen, die für kulturelle Dynamik sorgen. Die Grenze zwischen dem Speicher- und dem Funktionsgedächtnis verschiebt sich ständig. JAN ASSMANN, 2000

Wer über Rom schreibt, tut schlauer als er ist. (Ich auch.) Oder gibt sich auf seltsam feierliche oder schnoddrige Art Mühe, angesichts des vermeintlich Ewigen möglichst viel Klugheit zu zeigen oder wenigstens die Funken, die beim Reiben des Ich am Ewigkeitsklischee entstehen.

Man kann die Probe aufs Exempel machen und die Gedichte studieren, die im Lauf der Jahrzehnte von Stipendiaten in der Villa Massimo geschrieben worden sind – auch die besten Lyriker schrieben, wenn sie über Rom schrieben, unter ihrem Niveau. Fast alle zeigen eine schmalpathetische Demutshaltung, die einst Gottfried Benn mit berechtigter Verachtung gestraft hat: die Haltung des Andichtens. Also die laizistische Form des Anbetens.

FRIEDRICH CHRISTIAN DELIUS, 2007

Der römische Brunnen

Aufsteigt der Strahl und fallend gießt
Er voll der Marmorschale Rund,
Die, sich verschleiernd, überfließt
In einer zweiten Schale Grund;
Die zweite gibt, sie wird zu reich,
Der dritten wallend ihre Flut,
Und jede gibt und nimmt zugleich
Und strömt und ruht.

CONRAD FERDINAND MEYER, 1882

Römische Fontäne
Borghese

Zwei Becken, eins das andere übersteigend
aus einem alten runden Marmorrand,
und aus dem oberen Wasser leis sich neigend
zum Wasser, welches unten wartend stand,

dem leise redenden entgegenschweigend
und heimlich, gleichsam in der hohlen Hand,
ihm Himmel hinter Grün und Dunkel zeigend
wie einen unbekannten Gegenstand;

sich selber ruhig in der schönen Schale
verbreitend ohne Heimweh, Kreis aus Kreis,
nur manchmal träumerisch und tropfenweis

sich niederlassend an den Moosbehängen
zum letzten Spiegel, der sein Becken leis
von unten lächeln macht mit Übergängen.

RAINER MARIA RILKE, 1906

Fußnote zu Rom

Ich werfe keine Münzen in den Brunnen,
ich will nicht wiederkommen.

Zuviel Abendland,
verdächtig.

Zuviel Welt ausgespart.
Keine Möglichkeit für Steingärten.

GÜNTER EICH, 1955

Roma aeterna

Das Rom der Foren, Rom der Tempel
Das Rom der Kirchen, Rom der Villen
Das laute Rom und das der stillen
Entlegenen Plätze, wo der Stempel

Verblichner Macht noch an Palästen
Von altem Prunk erzählt und Schrecken
Indes aus moosbegrünten Becken
Des Wassers Spiegel allem Festen

Den Wandel vorhält. So viel Städte
In einer einzigen. Als hätte
Ein Gott sonst sehr verstreuten Glanz

Hierhergelenkt, um alles Scheinen
Zu steingewordenem Sein zu einen:
Rom hat viel alte Bausubstanz.

ROBERT GERNHARDT, 1987

BÜCHER

Die corsofolio-Auswahl

Vergil
Aeneis
29 – 19. v. Chr. / Artemis & Winkler

Henryk Sienkiewicz
Quo vadis?
1894 / Artemis & Winkler

Thornton Wilder
Die Iden des März
1948 / Fischer

Wolfgang Koeppen
Tod in Rom
1954 / Suhrkamp

Josef Winkler
Natura morta. Eine römische Novelle
2001 / Suhrkamp

Rom war ihm seit Jahren gleichgültig, einfach weil er in der Stadt wohnte. An diesem Morgen durfte er Rom als Fremder erleben. Die brustzersprengenden Gefühle seiner Jugend waren wieder da. Einst hatte Rom auf einen Hieb seinen Stuttgarter Panzer zerhauen. Jetzt berührte es ihn zum zweiten Mal. Haupt der Welt, erhabene Stadt, für ihn war sie das immer noch. Er erinnerte sich an die Legende von den Statuen auf dem Capitol. Sie hatten die einzelnen Provinzen des römischen Reiches personifiziert und ein Glöckchen getragen. Um den Hals? Am Handgelenk? Er wußte es nicht mehr. War irgendwo ein Aufstand losgebrochen, drehte sich die Statue der betreffenden Provinz herum und ließ ihr Glöckchen erklingen. Auf das Signal hin rückten römische Kohorten aus und warfen die Rebellen nieder. Ein simples Märchen von der Weltherrschaft. Eine Glocke hatte es in der Löwenstraße auch gegeben. Zwar kein Warnsystem zur Niederwerfung von Rebellen, aber auch ein Werkzeug der Macht. Ein Knopf hatte sich unter dem Eßtisch befunden und ein elektrischer Draht zu einem Apparat in die Küche geführt, der den Glockenton erzeugte. Um Luise hereinzurufen, hatte der Großvater die Fußglocke bedient. Nach seinem Tod war sie abgeschafft worden.

Er stieg die Treppe zur Kirche von Aracoeli zur Hälfte hoch und setzte sich. Was für ein Genuß, allein auf dieser wunderbaren Treppe zu hocken und auf die sich langsam belebende Stadt zu sehen.

Auf der Via dei Fori Imperiali rollte spärlicher Verkehr. Vereinzelt kamen Fußgänger des Weges. Er ging auf der rechten Seite. Obwohl die Straße tief lag, das Forum noch darunter gelegen, und von da unten flüsterte das Altertum zu ihm herauf: Du bist auf dem besten Weg, der kosmischen Ödnis zu entgehen. Gut so. Er hatte das Altertum auf seiner Seite.

SIBYLLE LEWITSCHAROFF, 2003

Ich muß ein sehr unempfindlicher Mensch sein. Gestern ging ich zum Forum. Ich setzte mich auf eine Steinbank, von der man einen Blick auf die Ruinen hat. Es war sonnig und heiß. Wagen voll Touristen, Verkäufer von Postkarten, Verkäufer von Denkmünzen, Verkäufer von Photographien. Ich war so bewegt, daß ich fast einschlief und mich mit Gewalt zum Aufstehen bringen mußte. Ich betrachtete reuevoll die Steinbank, aber sie war zu hart, und der Rasen beim Colosseum war zu weit weg. So ging ich betrübt nach Hause. Rom kommt mir vor wie ein Mann, der davon lebt, daß er die Leiche seiner Großmutter für Reisende zur Schau stellt. JAMES JOYCE, 1906

Nichts schadet meiner Gesundheit mehr als Langeweile und Müßiggang. In Rom aber fand ich stets irgendeine Beschäftigung, und war sie einmal nicht so reizvoll, wie ich sie mir gewünscht hätte, so schaffte sie es zumindest, mir hinreichend Kurzweil zu bieten. Ich besuchte zum Beispiel die Altertümer oder die *vigne*, die wahre Lustgärten von außergewöhnlicher Schönheit sind. Dort habe ich auch sehen gelernt, was die Kunst aus einem unebnen, hügeligen und bergigen Gelände alles hervorzuzaubern vermag: Indem die Römer sich ebendieses ständige Auf und Ab mit größtem Geschick zunutze machen, gewinnen sie ihm Reize ab, die sich mit unsren flachen Anlagen nie erreichen ließen.
MICHEL DE MONTAIGNE, 1581

Man muß Rom im Mondenschein durchwandern, dann beschwört man die Toten; sie sprengen ihre Gräber und beginnen alle Ruinen zu beleben und zu umwandeln: Könige und Kaiser, Helden und Weise, Päpste und Tribunen, Kardinäle und Nobili des Mittelalters. Steigen wir noch auf die Kaiserpaläste hinauf, deren gigantische Pfeiler, Bogen und Splitter aus dem schwankenden Buschwerk gen Himmel ragen. Zu Füßen liegt im Mondzauber das Kolosseum wie eine riesige Schale von Stein, in welche dieses Rom das Blut der Welt aufgesammelt hat, neben ihm der Triumphbogen des Konstantin (...) und wie weit der Blick dringe, überall tauchen Trümmer der Geschichte auf, alles ist still, wie gebannt. In den Ruinen der Kaiserpaläste schreit die Eule.
FERDINAND GREGOROVIUS, 1856

Ein Stäubchen ists, des Geistes Aug zu trüben.

Im höchsten palmenreichsten Stande Roms,

Kurz vor dem Fall des großen Julius, standen

Die Gräber leer, verhüllte Tote schrien

Und wimmerten durch alle römschen Gassen.

WILLIAM SHAKESPEARE, 1602

D ie Nächte in Rom sind anders als die in irgendeiner anderen Stadt, an die ich mich erinnere. Inmitten einer so dicht bevölkerten Großstadt berührt es komisch, am Morgen die Hähne krähen zu hören oder den hartnäckigen Schrei der Ohreule. Mir fiel wieder ein, daß das lateinische Wort für Eule *strix* hieß und daß es schon immer Eulen in Rom gegeben haben muß, seitdem die Römer sie so genannt hatten. Zuerst konnte ich mir nicht vorstellen, wo diese Hühner und Eulen ihr Zuhause haben könnten, doch dann kam ich zu dem Schluß, es müßte die Villa Medici sein. Durch das Fehlen des nächtlichen Verkehrs infolge des Benzin- und Lichtmangels senkt sich eine ungewöhnliche Stille über die Stadt, so daß man bei jedem Geräusch zusammenfährt: der Ladenbesitzer, der seinen Rolladen herunterzieht, erschreckt durch betäubenden Krach, der Auspuff eines Lastwagens wirkt wie ein großkalibriges Gewehr, das Jaulen hungernder und läufiger Katzen scheint direkt aus der Hölle zu kommen, und die gegrölten Lieder der betrunkenen GIs stimmen einen alles andere als fröhlich. Das bedrückende und endlose Klaviergeklimper einige Häuser weiter unten in der Via Sistina, im britischen Hotel für die unteren Ränge, ist nicht zu überhören; der Pianist kennt nur ein oder zwei Melodien, doch manchmal versucht er, sein Repertoire zu erweitern, indem er irgend etwas Neues anfängt, nur um nach den ersten Takten wieder aufzugeben und zu den alten Melodien zurückzukehren.

Und dann der vereinzelte Pfiff von Zügen, die nicht den Eindruck machen, als führen sie irgendwohin. Man sieht sie förmlich im Bahnhof stehen und beim Anblick eines Bremsers zaghaft pfeifen, so wie ein Hund beim Geräusch eines Vorbeigehenden plötzlich zu kläffen anfängt, aber vergeblich, lästig, kläglich. Wie nichts anderes vermitteln diese Züge das Gefühl, daß es keine Verbindungen mehr in Italien gibt und daß man sich aus dem Abgrund der Vergangenheit nicht befreien kann, der die brüchigen Konstruktionen des faschistischen Regimes – das angeblich für pünktliche Züge gesorgt hat – verschlungen hat. EDMUND WILSON, 1945

Die Busse fahren nie verspätet, weil es nämlich schlicht keine Fahrpläne gibt, ebenso wenig wie Straßenbahnen. (...) Kurz vor Mitternacht ist in der Metro Schluss. Nachts durchqueren nur noch Busse die Stadt – im Stundentakt.
BIRGIT SCHÖNAU, 2004

Das öffentliche Verkehrssystem Roms ist vorzüglich und jedenfalls besser als sein Ruf, habe ich festgestellt. (...) Es ist nicht zu viel gesagt, wenn man behauptet, es verkehre von jedem wichtigen Punkt zu jedem wichtigen Punkt in der Stadt eine Buslinie, und die Busse fahren auch in der Nacht relativ oft.   HERBERT ROSENDORFER, 2008

Regel: Sobald man eine Droschke benutzt, den Kutscher sofort fragen: Quanto costa? Und mit ihm auszuhandeln, nötigenfalls den Tarif zu vergleichen. Empfehlenswert ist es, wenn man bei der Fahrt nach Stunden (a l'ora) vor Beginn der Fahrt seine Uhr nach der des Kutschers stellt. Bei unlösbaren Differenzen wendet man sich an einen Schutzmann.
LEO WOERL, 1903

Ç Verkehrstote je 100.000 Einwohner im Jahr 2007 laut Europäischem Verkehrssicherheitsrat:
Berlin: 1,6   Paris: 1,7   Madrid: 2,7   London: 3,0
Rom: 6,0

Stundenlanges Warten an öffentlichen Stellen, für Briefmarken, für Taxis, die gewöhnlichsten Dinge, Hähnchen rotieren in grauer Bleiluft enger Straßen, Soldaten sitzen direkt vor Auspuffrohren draußen vor den Cafes und blicken leer drein, ständiges Grimassieren südländischen Temperaments, aber die Augen sehen starr aus, man muß sich einmal darauf konzentrieren, dann merkt man es, von Mode-Illustrierten verseuchte gewöhnliche Fotzen, aufgetakelt und miese Demi-Monde, eklig das ungenierte Sack-Kratzen auf der Straße von ondulierten Herren und Todesmelodie-Pop-Slum-Jungen großstädtischen Verschnitts, jucken und kratzen sich und verschieben ihre Schwengel in den zu engen Hosen, an Straßenecken faltige Maroni-Verkäufer, die heiße Maronen in Fetzen von Seiten alter Telefonbücher wickeln, wildes Gedränge und Gewühle auf den staubigen Straßen, aber der Himmel ist sehr hoch und klar und flammende Sonnenuntergänge wegen des nahen Meers, Amerikanerinnen wie falsche Fuffziger nach Parfum stinkend quaken breit herum, man trifft sie überall wie auch Deutsche, also rotgesichtiges fleischerhaftes Glotzen aus Touristenbussen, Busse vollgestopft mit deutschen Rentnern, Diabetikern, Magenkranken, mit fußkranken Rentnerinnen, die dich aus den Fenstern anstarren, Vorgarten-Greise auf Sight-Seeing-Tour, schaukeln glotzig in Bussen vorbei, fliegende Händler bieten Nippen-Feuerzeuge und Postkarten an, am Sonntag, als ich nachmittags meinen ersten Spaziergang machte und mir die zerfallenen ochsenroten oder kotig-gelbgestrichenen viereckigen Häuser ansah, dachte ich: ich gehe durch einen zerfallenen Traum und trat im gleichen Moment in Hundescheiße, ein paar Schritte weiter war eine Kachel neben dem Eingang der Villa mit dem antiken bellenden Hund und Cave Canem. Auf den Kanalisationsdeckeln steht S. P. Q. R. recht zutreffend. Um 6 Uhr spitze Pfiffe der Verkehrspolizisten an allen Ecken. Blicke in Kellerlöcher, wo sie kellnern und schneidern. Dann die hohen quäkenden italienischen Frauenstimmen. Straßenszenen, die ein durchgehender Non-Stop-Horror-Film der Sinne und Empfindungen sind. ›Auch ich in Arkadien!‹, Göthe.
ROLF DIETER BRINKMANN, 1972

Blaue knisternde Funken spritzen von der Stromleitung der grünen Circolare, der alten römischen Straßenbahn, die vorbei an den hängenden Lämmern, Hasen und Hühnern langsam auf ihren Schienen die Straße entlangfährt. In schneller Reihenfolge rinnen die Regentropfen꜄ von der silbernen Schirmspitze eines Käufers, der auf die Tintenfische wartet, die der Fischhändler mit der bloßen Hand aus einer weißen Porozellkiste nimmt. Einen Augenblick lang hängen mehrere Tintenfischarme zwischen seinen Fingern. Ein Negerkind, dessen Mutter Fische einkauft, blickt lange, seinen aufgeblasenen babygroßen Plastiksupermann an seine Brust drückend, auf den Säbel einer Schwertfischleiche. Ein Mann wendet sich von den Fischverkaufsständen ab und dreht sich der Straße zu, damit niemand sehen kann, wie er einen rohen, weißen Krebs aufißt. Der blonde Fischerjunge säubert seine von Tintenfischen geschwärzten Hände an seiner Hose, streichelt aber gleichzeitig seine Hinterbacke. Ununterbrochen ruft die Fischhändlerin, Vuole! dica! vuole! dica! Ein Kind tritt auf mich zu, blickt zuerst, sich auf Zehenspitzen stellend, auf meine Füllfeder und danach mir ins Gesicht. Schnell zieht es sein Vater weiter. Eine angezündete Zigarette im Mundwinkel, reißt ein Fischhändler mit seinen feuchten, blutigen Händen die Eingeweide aus den Fischen und wirft sie in einen blechernen Eingeweidetrog. Die dicke Verkäuferin, die ein Vierklee im Knopfloch ihres Kittels festgeheftet hat, ruft nach ihrem Kind, das mit einer Wasserspritzpistole kleine, zwanzig Zentimeter große Junghaie bedroht.

JOSEF WINKLER, 1990

꜄ Durchschnittlicher Jahresniederschlag laut Deutschem Wetterdienst:
Berlin: 584 mm
London: 599 mm
Hamburg: 770 mm
Rom: 837 mm

Denn wenn es nun sicher ist, daß du Cecile nur in dem Maße wirklich liebst, in dem sie für dich das Gesicht Roms, seine Stimme und seine Verlockung ist, wenn es sicher ist, daß du sie ohne Rom und außerhalb Roms nicht liebst, daß du sie nur wegen Rom liebst, weil sie dich dort eingeführt hat und dort noch immer deine Schritte leitet, weil sie das Tor zu Rom ist (so wie man in der katholischen Liturgie von Maria sagt, daß sie das Tor zum Himmel ist), so müßtest du unbedingt wissen, warum Rom einen solchen Zauber auf dich ausübt, und auch, wie es kommt, daß dieser Zauber nicht genügend objektive Kraft besitzt, daß Cecile bewußt und willentlich seine Gesandte in Paris sein könnte, wie es kommt, daß Henriette, trotz allem, was bei ihrem Katholizismus die Stadt der Städte zwangsläufig für sie darstellt, die Bindung, die du zu ihr hast, als ureigensten Ausdruck dessen betrachten konnte, was sie dir vorwirft, und deshalb, weil deine Liebe zu Cecile sich unter deinem Blick gewendet hat und sich dir nun von einer anderen Seite darbietet, müßtest du nun auch gelassen und kaltblütig die Grundlage und den wirklichen Gehalt dieses Mythos, den Rom für sich darstellt, untersuchen, die angrenzenden Bereiche der Seite, die dieser gewaltige Gegenstand dir zukehrt, müßtest versuchen, ihn sich unter deinem Blick im Inneren des historischen Raumes drehen zu lassen, um deine Kenntnis von den Banden zu vertiefen, die ihn mit deinen eigenen Entschlüssen, mit deinem Verhalten und dem der Menschen, die dich umgeben, verknüpfen, deren Augen, deren Mienen, deren Worte und deren Schweigen deine Bewegungen und Gefühle bedingen, wenn du nur dem Schlaf widerstehen könntest und den Alpträumen, die dich unter dem blauen Licht anfallen, das dich deiner Müdigkeit und ihren Ungeheuern ausliefert.« MICHEL BUTOR, 1957

Was ist Rom?
Woran denke ich, wenn ich das Wort »Rom« höre?
Das habe ich mich oft gefragt.
Und mehr oder weniger weiß ich es auch.
Ich denke an ein großes rötliches Gesicht,
das Ähnlichkeit hat mit den Schauspielern
Sordi, Fabrizi, Anna Magnani.

FEDERICO FELLINI, 1970

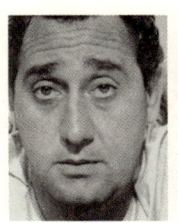  

Federico Fellini, 1964

Nun, was haben Sie mitgebracht, bitte legen Sie los.« – »Da wäre zum Beispiel ein nicht gedrehter Fellini-Film, an dem Fellini immer wieder ein wenig geknabbert hat, eine entzückende Idee, eine typische Fellini-Idee, die allerdings nur bis zur Exposéreife gediehen ist. Nehmen wir einen Wohnblock am Stadtrand von Rom, einer dieser Blocks aus den fünfziger Jahren, meinetwegen in Ostiense. Die Geschichte handelt von etwa dreißig kleinen Kindern, die sich hier auf der Treppe oder in den Fluren begegnen, stellen Sie sich diese herrlichen großäugigen römischen Kinder vor, wie sie hinter einer Tür stehen oder in einer Wiege liegen, im Kinderwagen herumgefahren oder wie ein Bündel Grünzeug an der Hand ihrer Mütter treppauf, treppab geschleppt werden. Bündel Grünzeug, ein typischer Ausdruck von Fellini. Fellini hat sich immer fabelhaft ausgedrückt, finden Sie nicht? Also: dieser Wohnblock lebt ganz aus der Sichtweise der Kinder, mit Geschichten von grenzenloser Liebe, bodenlosem Haß, Intrigen, Verwicklungen, Lachen, Weinen – alles im Treppenhaus, auf den Balkonen, den Vorgärten, den Gehwegen um den Block herum. Ein Film, der ganz und gar auf der mysteriösen telepathischen Kommunikation dieser Kinder beruht. Mysteriöse telepathische Kommunikation, auch das wortwörtlich Fellini, so hat er sich die Essenz des Films gedacht. Den Schluß stellte er sich in einem Kindergarten vor, wohin all diese Kinder wie die Kaninchen weggeschleppt und kastriert werden. Kastriert natürlich nicht im wörtlichen Sinn zu verstehen, wo kämen wir da hin.« Er machte eine Pause und fragte ein wenig verzagt: »Wie finden Sie das?«

»Nun, ich hätte diesen Film sehr gerne gesehen, nur eben von Fellini. Fellini ist tot. Außerdem hätte man ihn spätestens Anfang der sechziger Jahre drehen müssen. Jetzt ist es dafür zu spät.«

SIBYLLE LEWITSCHAROFF, 2003

Gli Scrittori

Alberto Moravia nähert sich dem Café Rosati, die Piazza del Popolo überquerend, groß, mager, steil aufgerichtet, leicht hinkend, den Kopf mit dem verbitterten Mund hochmütig zurückgeworfen. Der demokratischste Schriftsteller Italiens sieht aus wie ein preußischer Offizier. Ich wage diesen Vergleich, weil mich die modische Abneigung gegen preußische Offiziere seit langem schon zum Widerspruch reizt. Moravia jedenfalls könnte ein Monokel tragen; sein seltenes Lächeln wirkt immer so, als ließe er ein unsichtbares Einglas fallen. Natürlich hat man sich den berühmten Kenner des Volkes ganz anders vorgestellt: breit, deftig, fast gemütlich, aber der Mann, der dort draußen keinem Auto auch nur einen Schritt ausweicht, ist ein durchaus ungemütlicher Herr, und man begreift plötzlich, daß er das Volk, das er so meisterhaft wiedergibt, nicht wie ein großmütiger Vater liebt, sondern wie ein Kommandeur, der seine Truppen inspiziert. Das Allerunerklärlichste ist dabei, daß Moravia aus einer Familie des böhmischen Judentums stammt. Vielleicht sind die großen Naturalisten niemals Kinder des Volks gewesen, sondern haben in aristokratischer Spannung zu ihm gelebt: ich denke an Tolstoj, an Maupassant. Immerhin ist es doch eine Überraschung, daß der fast besessene Porträtist der Via Margutta das Bild eines strengen Puritaners bietet. Ist dieses Bild nur eine Maske? Ich weiß es nicht. Er betritt das Rosati, alle Blicke wenden sich ihm zu, der Kommandeur ist eingetreten, aber er nimmt von niemandem Notiz, sondern geht sofort auf Pier Paolo Pasolini zu, läßt sich an seinem Tisch nieder, entspannt sich im Gespräch mit dem jungen Bandenführer, den er wohl als seinen Lieblingsschüler betrachten muß, als den Dichter, in dem sein Geist und sein Stil gänzlich verwandelt Schule gemacht haben. Moravia ist streng, während Pasolini scharf ist, ein scharfer böser Junge mit einem kleinen braunen Gesicht hinter einer schwarzen Hornbrille, ein junger Uhu, ein nächtlicher Raubvogel, in allen Künsten des Erschreckens geübt. Man hat ihn gerade zu vier Monaten Gefängnis verurteilt, wegen seines blasphemischen Angriffs auf die Religion in seinem Film ›La ricotta‹; der sehr starke Film, eine geballte Faust aus Bildern, ist verboten worden, und die Linke überbietet sich in Analysen, die beweisen sollen, daß der Film nicht als blasphemische Provokation gemeint sei. Als ob es darum ginge! So läßt man sich die Sprache vom Gegner diktieren und verfällt in die allgemeine demokratische Heuchelei; statt eine Blasphemie durchzusetzen, weil sie ein Kunstwerk ist, strengt man sich an, in einem

»Moravia ist streng, während Pasolini scharf ist, ein nächtlicher Raubvogel, in allen Künsten
des Erschreckens geübt« – Alberto Moravia *(links)* und Pier Paolo Pasolini im »Rosati«

atheistischen Werk geheime religiöse Absichten zu erkennen. Der wilde Pasolini ist alles mögliche zwischen
Anarchie, Liberalität und Kommunismus, aber Katho-
lik, Christ oder auch nur Häretiker ist er nicht. Vor allem ist er Pasolini, der junge Mann aus den Slums, den
›borgate‹, doch auch er hält Überraschungen bereit,
wenn er in der Buchhandlung Einaudi Gaddas ›Erkenntnis des Schmerzes‹ vorstellt, nicht das ganze
Buch, sondern nur einen einzigen Satz, der ihm Gelegenheit bietet, vollendetes ästhetisches Raffinement
mit leiser Stimme auszuspielen. Fast deutsche Dich-
tungs-Interpretation verband sich da mit römischer In-
tellektualität – es war ein Genuß, wenn auch schwer
zu verstehen. Verstand ihn Carlo Emilio Gadda, der
weißhaarig, groß und schwer dem Opfer beiwohnte,
das man ihm zelebrierte? Ich nehme das Epitheton
›schwer‹ sogleich zurück, denn Gaddas Schwere hat
etwas Durchscheinendes, Geistiges, der große, abge-
rundete Mann – nichts Eckiges ist an seinem Körper –
strahlt einsame Heiterkeit und nüchterne Harmonie
aus. Der frühere mailändische Ingenieur und heutige
Wahlrömer wird als der letzte und große Bürger der ita-

lienischen Literatur verehrt, wie ich an jenem Nachmittag vernahm. Eigensinnig und geistvoll wies Moravia nach, daß ein General bei Gadda ganz ohne
Frage ein General sei; das General-Sein eines Generals
werde von Gadda immer als Prämisse hingenommen,
niemals in Frage gestellt. Eine originelle These, die
lebhaft beklatscht wurde. Mir scheint die Rechnung
nicht völlig aufzugehen. Ohne Zweifel bietet Gadda als
Mensch einen angenehm bürgerlichen Anblick. Aber
seine Sprache ist nicht bürgerlich, sie ist die Sprache
eines Künstlers. Was er mit der Sprache treibt, das
sind recht unbürgerliche Künste. Barock und konzentriert zugleich, treibt er seine Figuren mit Hilfe seiner
Sprache – und mit ihr allein aus dem Zustand heraus,
der ihnen vorgegeben ist. Freilich ist er ein seltener
Gast der literarischen Nachmittage in der Via Veneto,
und man denkt sich ihn lieber auf Spaziergängen in
den Gärten von Rom. – Doch schien es mir des Auf-
schreibens wert, wie sich in einem der letzten literarischen Paradiese dieser Erde die großen Kollegen
ohne Neid voreinander verbeugen.
ALFRED ANDERSCH, 1966

Vor dem Haupthaus steht eine Reisegruppe, die man aus irgend-einem Grund hier hereingelassen hat. C. warnte mich, dass der Wunsch geäußert wurde, einem der hier ansässigen Künstler zu be-gegnen. Jetzt posieren sie fürs Gruppenfoto vor dem Brunnen, Ungefähr-lich, denke ich, gehe in 50 Metern dran vorbei. Plötzlich deutet eine Frau auf mich und schreit: »Ein Künstler!« In die Gruppe gerät erregte Bewe-gung. Ich kann grade so entwischen. »Ein Künstler!« Beatrice lacht sich magenkrank deswegen.

✧

Wichtig ist zu genießen. Diese Stadt lebt ja auch, lebt jetzt, man muss beides sehen, das Panorama der Vergangenheit und den Rhythmus der Gegenwart. Instinktiv ekelt man sich vor Philologen, die hier zu reinen Altertumsbeschwörungen zusammentreffen und am liebsten jeden nicht geschichtsbewussten Italiener züchtigen oder missionieren möchten. An-dererseits ruft jede alte Skulptur einen Kitzel hervor, bedingungslos in der Zeit zurückzutaumeln, in diesem großartigen, untergegangenen Rom me-lancholisch zu wandern, eben weil es, solange wir im Geist bei ihm sind, nicht ganz untergegangen ist.

HELMUT KRAUSSER, 1998

Und dennoch scheint es manchmal,
als gehe von diesem in der Weltgunst und der Weltliebe
erlöschenden Europa, von diesem Rom, noch ein Licht aus,
ähnlich jenem diaphanen und wunderbaren Leuchten,
das manche Gegenstände nach Sonnenuntergang ausstrahlen
und das die Wehmut des Abschieds in sich schließt,
aber auch die Hoffnung auf einen neuen Tag.

MARIE LUISE KASCHNITZ, 1947

O wie ist mir diesmal der Abschied von Italien schwer geworden!
Ich weiß es jetzt, daß ich außerhalb Roms nie mehr recht
glücklich sein werde und daß mein ganzes Streben
sich törichter Weise in dem Gedanken konzentrieren wird,
wieder hinzukommen…

JACOB BURCKHARDT, 1846

Als Er auß Rom geschieden

Ade' begriff der welt' Stadt der nichts gleich gewesen/
Vnd nichts zu gleichen ist/ In der man alles siht
Was zwischen Ost vnd West/ vnd Nord vnd Suden blüht.
Was die Natur erdacht/ was je ein Mensch gelesen.
Du/ derer Aschen man/ nur nicht vorhin mit Bäsen
Auff einen hauffen kährt/ in der man sich bemüht
Zu suchen wo dein grauß/ (fliht trüben Jahre! fliht/)
Bist nach dem fall erhöht/ nach langem Ach/ genäsen.
Ihr Wunder der gemäld/ jhr prächtigen Palläst/
Ob den die kunst erstarrt/ du starck bewehrte Fest/
Du Herrlichs *Vatican*/ dem man nichts gleich kan bawen;
Ihr Bücher/ Gärten/ grüfft'; Ihr Bilder/ Nadeln/ Stein
Ihr/ die diß vnd noch mehr schliß't in die Sinnen eyn/
Ade! Man kan euch nicht satt mit zwey Augen schawen.
ANDREAS GRYPHIUS, 1663

In Rom freilich habe ich gehört, daß mancher das Brot hat, aber nicht die Zähne, und daß die Fliegen auf die mageren Pferde gehen. Daß dem einen viel und dem anderen nichts geschenkt ist; daß wer zuviel zieht, zerreißt, und nur eine feste Säule das Haus hundert Jahre aufrecht hält. Ich hörte, daß es in der Welt mehr Zeit als Verstand gibt, aber daß uns die Augen zum Sehen gegeben sind.
INGEBORG BACHMANN, 1955

Antiker Pferdekopf in den Thermen des Diokletians,
Aufnahme von Herbert List, Rom 1949

Impressum

Herausgeber Rainer Groothuis, Christoph Lohfert
Redaktionsleitung dieser Ausgabe Joachim Otte
Mitarbeit Carolin Beck, Hanna Kronberg, Carolina López, Burkard Miltenberger, Sandra Ost, Heike Ramuschkat
Verlag und Redaktion CORSO / Groothuis, Lohfert Verlagsgesellschaft mbH, Gaußstr. 124–126, 22765 Hamburg, Telefon +49 (0) 40 226 33 40-0, Telefax +49 (0) 40 226 33 40-65, info@corso-willkommen.de
Das Abo Abonnenten erhalten 8 Ausgaben / Jahr zu einem Bezugspreis von € 199,60, inkl. Porto und Versand. Die Mindestlaufzeit beträgt 12 Monate, das Abonnement verlängert sich jeweils um ein weiteres Jahr, wenn nicht sechs Wochen vor Ende des Bezugszeitraums gekündigt wird. Abonnenten erhalten jeweils zum Jahresende den CORSO-Almanach mit literarischen Originalbeiträgen, neuen Fotografien, Geschichten über Autorinnen und Autoren, Nachrichten aus dem Verlag – gebunden und nur für Abonnenten (erstmals 2011). Weiterhin werden Abonnenten in jedem Frühsommer (erstmals 2012) zu einer exklusiven Veranstaltung nach Hamburg eingeladen.
Abonnenten- und Leserservice Heike Ramuschkat, Telefon +49 (0) 40 226 33 40-0, heike.ramuschkat@corso-willkommen.de
Gestaltung/Ausstattung Groothuis, Lohfert, Consorten | glcons.de
Lithografie Frische Grafik (Cover) / Einsatz Creative Production (innen), beide Hamburg
Druck auf FocusArt Natural und Schleipen Fly (Journal) durch optimal media production GmbH, Röbel
Verarbeitung Conzella, Urban Meister GmbH & Co. KG

3. Auflage im Mai 2011 | ISBN 978-3-86260-005-2
Printed in Germany

Mehr über Ideen, Autoren und Programm des Verlags finden Sie auf www.corso-willkommen.de

corso*folio* demnächst:

Gastgeber:
GEORG STEFAN TROLLER
bereits erschienen

Gastgeber:
MATTHIAS POLITYCKI
bereits erschienen

Gastgeber:
EVA MENASSE
Juli 2011